Guia de INDICADORES ECONÔMICOS *Brasileiros*

ROGÉRIO MORI
Autor de *Economia na Real*

Guia de INDICADORES ECONÔMICOS *Brasileiros*

Desvendando a ECONOMIA

ALTA BOOKS
GRUPO EDITORIAL
Rio de Janeiro, 2024

Guia de Indicadores Econômicos Brasileiros

Alta Books é uma empresa do Grupo Editorial Alta Books (Starlin Alta Editora e Consultoria LTDA).

ISBN: 978-85-508-2439-0

Impresso no Brasil — 1ª Edição, 2024 — Edição revisada conforme o Acordo Ortográfico da Língua Portuguesa de 2009.

Dados Internacionais de Catalogação na Publicação (CIP)
(BENITEZ Catalogação Ass. Editorial, MS, Brasil)

M849g
1.ed. Mori, Rogério
Guia de indicadores econômicos brasileiros : desvendando a economia / Rogério Mori. – 1.ed. – Rio de Janeiro : Alta Books, 2024.
208 p.; 15,7 x 23 cm.

ISBN 978-85-508-2439-0

1. Brasil. Tribunal de Contas da União. 2. Crédito (Economia). 2. Dívidas públicas. 3. Economia. 4. Inflação (Economia). 5. Mercado financeiro. 6. Taxas. I. Título.

09-2024/09 CDD 330.981

Índice para catálogo sistemático:
1. Brasil : Indicadores : Economia 330.981
Aline Graziele Benitez – Bibliotecária – CRB-1/3129

Grupo Editorial Alta Books

Produção Editorial: Grupo Editorial Alta Books
Diretor Editorial: Anderson Vieira
Editor da Obra: J. A. Ruggeri
Vendas Governamentais: Cristiane Mutüs
Gerência Comercial: Claudio Lima

Produtora Editorial: Ana Clara Tambasco
Revisão: Carlos Bacci e Karina Pedron
Diagramação: Rita Motta
Capa: Karma Brandão

ALTA BOOKS
GRUPO EDITORIAL

Rua Viúva Cláudio, 291 — Bairro Industrial do Jacaré
CEP: 20.970-031 — Rio de Janeiro (RJ)
Tels.: (21) 3278-8069 / 3278-8419
www.altabooks.com.br — altabooks@altabooks.com.br
Ouvidoria: ouvidoria@altabooks.com.br

Editora **afiliada à:**
ASSOCIADO

AGRADECIMENTOS

Escrever este livro foi muito prazeroso, mas demandou muita paciência daqueles que sempre estiveram ao meu lado.

Um agradecimento todo especial à minha família, Daniela (minha esposa) e Felipe.

Também gostaria de agradecer a todos os colegas professores, e aos funcionários e alunos da Escola de Economia de São Paulo da Fundação Getulio Vargas (FGV/EESP), que sempre me incentivaram e apoiaram.

Sinto muito orgulho e satisfação em fazer parte de uma instituição tão importante para o país.

Um agradecimento especial a meu professor e amigo, Yoshiaki Nakano, um visionário à frente de seu tempo!

SUMÁRIO

1 Prólogo

5 Capítulo 1: Guia Rápido

25 Capítulo 2: Inflação

55 Capítulo 3: Atividade Econômica

95 Capítulo 4: Taxas de Juros, Crédito e Moeda

126 Capítulo 5: Setor Externo

148 Capítulo 6: Contas Públicas

162 Capítulo 7: Sondagens e Expectativas

186 Capítulo 8: Dicas e Orientações

197 Índice

PRÓLOGO

Os primeiros contatos que tive, de fato, com a realidade dos indicadores econômicos brasileiros se deram durante minha experiência no governo federal, entre 1995 e 1998. Até aquele momento, minha formação em Economia era muito centrada em teorias e modelos, nos quais os indicadores só apareciam na hora de realizar testes econométricos envolvendo essas variáveis.

Nos anos 1990, a internet ainda dava seus primeiros passos no Brasil, e acompanhar os indicadores econômicos não era uma tarefa fácil. Em 1995, era comum que as divulgações dos indicadores realizadas pelo IBGE fossem encaminhadas para o Ministério da Fazenda via fax.

O acompanhamento e a análise eram realizados na "raça". Não havia material explicativo suficiente disponível, nem um guia ou livro que ensinasse como interpretar a conjuntura. Esse aprendizado era feito em tempo real, lendo, discutindo e ouvindo especialistas.

Esse conhecimento foi utilizado nos anos seguintes, quando atuei no mercado financeiro. Atualmente, procuro enfatizar a importância desse tipo de acompanhamento e análise para meus alunos da Escola de Economia de São Paulo da Fundação Getulio Vargas (FGV/EESP).

Nas últimas décadas, o acesso às informações econômicas se tornou cada vez maior. Hoje, é possível acompanhar divulgações em tempo real não apenas de indicadores brasileiros, mas também de outras economias.

Ainda assim, apesar dessa grande oferta de informações, não se encontra organizado em um único lugar quais são os mais importantes indicadores da economia brasileira, o que eles significam do ponto de vista prático e quais são suas principais características.

Este livro tem esse propósito, apresentando os indicadores segmentados de acordo com os principais blocos de análise da conjuntura econômica. Ao tratar de cada indicador, procuramos realizar uma breve descrição, indicar sua importância, explicar como interpretá-lo e detalhar cada um.

Obviamente, por se tratar de um guia cujo foco é ser uma ferramenta auxiliar do ponto de vista da análise da conjuntura, os detalhamentos metodológicos de cada indicador são apresentados de maneira sucinta, de forma a tentar capturar os principais aspectos associados.

Estrutura do Livro

O Capítulo 1 se constitui em um guia rápido para compreender os principais aspectos associados à análise da conjuntura econômica. Esse capítulo foi escrito de forma acessível, com os principais conceitos da economia sendo apresentados de maneira simplificada e visando transitar na realidade econômica nacional.

No Capítulo 2, são apresentados os principais indicadores de inflação brasileiros. Usualmente, uma economia tem cerca de dois indicadores nesse aspecto: um índice de preços ao consumidor e um índice de preços ao produtor. No Brasil, por diferentes razões, houve uma profusão de indicadores de inflação. Embora todos remetam à mesma questão, que é a inflação, cada indicador tem peculiaridades que devem ser consideradas do ponto de vista analítico.

O Capítulo 3 apresenta os indicadores de atividade econômica mais importantes no Brasil. Acompanhar a evolução da atividade não costuma ser uma tarefa fácil, uma vez que nem sempre os indicadores apontam na mesma direção. Conhecer esses indicadores e o que cada um quer dizer é fundamental para realizar uma boa análise.

No Capítulo 4, apresentamos algumas das principais taxas de juros brasileiras, os indicadores de crédito e os agregados monetários. A opção de colocá-los em um mesmo capítulo diz respeito ao fato de que são temas relacionados entre si.

Os indicadores das contas externas brasileiras são apresentados no Capítulo 5. O monitoramento desses indicadores permite avaliar os fluxos em moeda estrangeira que entram e saem do país e que, em última instância, influenciam a taxa de câmbio.

O Capítulo 6 traz os principais indicadores das contas públicas brasileiras. O monitoramento dessas contas ganhou importância significativa ao longo das últimas décadas, em um contexto de aumento dos gastos do governo.

No Capítulo 7, são apresentados os indicadores de expectativas mais relevantes para a economia brasileira. As expectativas influenciam inúmeras decisões dos agentes econômicos relacionadas a consumo, investimento, fixação de preços etc. Esse capítulo é dedicado a tais indicadores, detalhando os principais.

Por fim, o Capítulo 8 traz algumas dicas e orientações acerca da análise de conjuntura. Procuramos destacar o que deve ser evitado em uma boa análise. O capítulo traz também uma síntese das principais fontes de informação do ponto de vista econômico no Brasil e uma listagem de alguns dos principais indicadores econômicos internacionais.

A Quem se Destina este Livro

Este é um livro ótimo para se ter mãos para aqueles que trabalham diretamente com análise da conjuntura, ou que querem iniciar-se nesse campo, ou para aqueles que desejam entender melhor a economia brasileira. O livro também é muito útil como obra complementar para cursos de macroeconomia em graduações de economia e administração.

É uma obra que eu gostaria de ter tido em mãos em 1995.

CAPÍTULO 1

GUIA RÁPIDO

1.1 INTRODUÇÃO

A situação econômica de um país afeta diretamente a sociedade em diferentes dimensões. Os negócios prosperarão ou definharão de acordo com o estado da economia e de suas perspectivas. Dependendo das condições econômicas e das expectativas acerca do futuro dos negócios, as empresas realizarão, adiarão ou até mesmo cancelarão novos investimentos. Da mesma forma, as contratações e demissões por parte das empresas estarão condicionadas não apenas à situação corrente, mas também levarão em consideração as tendências econômicas futuras.

Do ponto de vista das famílias, o impacto do ambiente econômico também é significativo. Em um contexto de queda da renda e de aceleração da inflação, as famílias tenderão a consumir menos. Inversamente, em um ambiente de crescimento econômico, com aumento da renda e do emprego e com inflação sob controle, o consumo tenderá a aumentar.

Do lado financeiro, os impactos são importantes e levados em consideração por investidores. Em um ambiente no qual o Banco Central terá de lidar com inflação alta, subindo os juros e desacelerando o ritmo de crescimento, a tendência é de diminuição das aplicações em renda variável (bolsa de valores), uma vez que, nesse cenário, as empresas tenderão a gerar menos lucro. Os investidores tendem a migrar seus recursos para a renda fixa, dado que a rentabilidade dessas aplicações tende a aumentar com a alta dos juros. O inverso ocorre em um ciclo de queda da inflação, que permite que o Banco Central baixe os juros e, com isso, estimule a economia. Nesse quadro, a tendência de migração dos investimentos é no sentido inverso, da renda fixa para a renda variável (bolsa de valores).

O governo também é impactado pela situação econômica em várias dimensões. A arrecadação, por exemplo, é afetada pelo comportamento da atividade econômica: em um contexto de crescimento econômico, os níveis da arrecadação do governo tendem a aumentar em termos reais. O inverso ocorre em um cenário de desaceleração do ritmo da atividade ou em uma recessão. O contexto econômico também afeta as decisões de gastos do governo, que pode aumentá-los para estimular a demanda em um cenário de recessão ou diminuí-los em um ambiente de prosperidade, gerando superavits e reduzindo o tamanho da dívida pública.

Esses são apenas alguns aspectos que ilustram o impacto da situação econômica sobre a sociedade. Por conta disso, o acompanhamento da economia e de suas tendências se tornou uma necessidade fundamental nos dias de hoje.

Em linhas gerais, esse monitoramento sistemático do ambiente da economia e de suas perspectivas é cristalizado no que, correntemente, é conhecido como análise da conjuntura econômica.

As técnicas necessárias para esse tipo de monitoramento requerem, além de conhecimentos (mesmo que básicos) em economia, a interpretação da situação econômica atual. Isso é feito por intermédio da leitura e compreensão dos diferentes indicadores.

Por conta disso, o guia apresentado neste capítulo traz os principais elementos presentes em uma análise da conjuntura econômica brasileira. O propósito desse guia, além de apresentar os principais conceitos e técnicas de análise, é criar um vínculo com os diferentes indicadores econômicos brasileiros.

Por conta disso, a seção 1.2 enfatiza a importância e os diferentes usos possíveis da análise da conjuntura. A seção 1.3 apresenta as diferentes formas com que os indicadores são divulgados. Na seção 1.4, abordamos os diferentes tipos de indicadores existentes e, na seção 1.5, apresentamos a conexão dos mesmos com a análise da conjuntura econômica.

Este capítulo é apenas o ponto de partida, que reforça a importância da leitura dos indicadores no âmbito da análise da situação econômica. Nos capítulos seguintes, o detalhamento de cada tipo de indicador é realizado, permitindo uma leitura e interpretação mais consistente de cada um.

1.2 ANÁLISE DA CONJUNTURA E INDICADORES ECONÔMICOS

Em linhas gerais, a conjuntura econômica representa a análise da evolução corrente da situação da economia de um país e de suas perspectivas. Esse tipo de estudo permite não apenas inferir o comportamento das principais variáveis econômicas, mas também capturar quais as perspectivas acerca da economia e de variáveis que influenciam os negócios.

A partir da análise da conjuntura, é possível antever, por exemplo, se a economia entrará em uma recessão, com queda da renda e aumento do desemprego. Também é possível inferir o comportamento recente da inflação e suas perspectivas de médio prazo. O estudo analítico da situação econômica também permite avaliar quais serão os próximos passos do Banco Central em termos de decisão da taxa de juros. Ao mesmo tempo, a avaliação da situação externa, em conjunção com as perspectivas domésticas, também possibilita avaliar a tendência futura da taxa de câmbio. Esses são apenas alguns exemplos de aplicações que podem ser realizadas a partir da análise da conjuntura.

Nesse sentido, podemos dizer que a compreensão da conjuntura econômica e das tendências da economia contribuem para a tomada de decisão fundamentada em âmbito empresarial e pessoal, evitando prejuízos e danos aos negócios e aos investimentos.

A análise da conjuntura, no entanto, envolve múltiplas dimensões, indo desde o acompanhamento da situação corrente, por meio de notícias, estudos, entrevistas e outras fontes, até o uso de modelos econômicos sofisticados, que permitem traçar projeções para as principais variáveis macroeconômicas.

De fato, o bom analista deve conjugar elementos de análise econômica (ou seja, compreender os principais conceitos macroeconômicos), ser capaz de analisar e avaliar os dados divulgados no contexto da situação corrente e, com base nesses dois elementos, traçar as principais tendências futuras. Isso pode envolver o uso de modelos econométricos e computacionais para realizar projeções para as diferentes variáveis.

Por trás de uma boa análise da conjuntura estão os indicadores econômicos, que são estatísticas elaboradas por institutos de pesquisa, governo, entidades de classe, entre outros, e que permitem avaliar o estado da economia.

Os indicadores fornecem informações valiosas sobre a situação econômica e sua leitura se torna imprescindível para compreender o quadro atual e suas perspectivas. Alguns dos usos mais comuns desses indicadores são associados a:

- **Identificação de tendências econômicas**: os indicadores permitem que investidores e empresários identifiquem as perspectivas de longo prazo de uma economia. Por exemplo, um aumento da confiança do empresariado pode se traduzir em mais investimentos produtivos e em um ambiente propício para a realização de investimentos. Por outro lado, um aumento da taxa de juros se traduzirá em maiores dificuldades na ponta do empréstimo, levando a uma queda do consumo e maiores dificuldades para as empresas tomarem recursos emprestados.
- **Identificação de oportunidades de investimento**: os indicadores econômicos podem sinalizar quais são as boas oportunidades para os investidores alocarem seus recursos. A perspectiva de queda da inflação, por exemplo, pode indicar que o Banco Central reduzirá os juros, o que levará a um maior crescimento econômico. Isso levará a um melhor desempenho das empresas, devendo impactar positivamente na bolsa de valores.
- **Previsão de mudanças de política econômica**: a análise dos indicadores também permite avaliar a necessidade do governo, eventualmente, reorientar sua política econômica. Por exemplo, a elevação da inflação e das expectativas inflacionárias mais altas, distanciando-se das metas estabelecidas, pode levar o Banco Central a aumentar a taxa de juros como forma de desaquecer a economia e desacelerar o ritmo de alta dos preços.
- **Avaliação de riscos**: os indicadores econômicos também auxiliam os investidores a avaliarem os riscos de seus investimentos. Um deficit público elevado, associado a uma elevada dívida do governo, por exemplo, pode sinalizar maiores riscos de gestão da dívida pública mais adiante, o que levará investidores a serem mais cautelosos na aquisição de títulos do governo.
- **Análise setorial**: outro uso interessante para os indicadores se dá no âmbito da análise de setores específicos. Por exemplo, as vendas no comércio varejista podem indicar um bom desempenho para o setor, sendo possível delimitar os segmentos no comércio que mais se destacaram. O mesmo raciocínio vale para a produção industrial ou para o indicador de volume de serviços.

Esses são apenas alguns usos possíveis nos quais os indicadores econômicos podem ser empregados. As possibilidades, no entanto, são muito mais extensas, indo desde a análise básica do dia a dia até o uso em modelos econométricos sofisticados, construídos para a realização de projeções.

1.3 COMO OS INDICADORES ECONÔMICOS SÃO USUALMENTE APRESENTADOS

As informações divulgadas pelos institutos de pesquisa e pelo governo podem vir em diferentes formatos, dependendo da natureza da construção do indicador e da informação que se deseja transmitir.

Em linhas gerais, os indicadores econômicos podem ser apresentados nos seguintes formatos:

- **Volume:** como número de veículos produzidos, total de grãos colhidos, número de empregos gerados etc.
- **Valor:** como valor nominal do Produto Interno Bruto (PIB), faturamento do comércio varejista, total de exportações em dólares etc.
- **Preço:** como o preço internacional do petróleo ou a cotação do dólar norte-americano.
- **Taxa:** como a taxa de desemprego, a taxa de juros, a taxa de inflação, a taxa de inadimplência sobre a carteira de crédito dos bancos etc.
- **Número-índice:** construído a partir de uma série de dados originais e que permite visualizar diretamente variações porcentuais em relação a uma determinada base. Os índices de preços ao consumidor representam um bom exemplo desse tipo de informação.

Do ponto de vista prático, o comportamento das variáveis econômicas em termos de volume, valor, preço ou mesmo taxa pode ser observado diretamente. Por exemplo, a informação de que a produção de autoveículos brasileira caiu de 3.407,9 mil unidades para 3.342,6 mil unidades de um ano para outro é direta e não requer maiores interpretações a priori. Da mesma forma, a informação de que a meta da taxa básica de juros brasileira, a Selic, subiu de 9% ao ano para 9,5% ao ano também não exibe maiores dificuldades de compreensão.

Contudo, é possível apresentar a mesma informação de diferentes formas possíveis. Por exemplo, no mesmo caso mencionado, pode-se afirmar que a produção de autoveículos brasileira caiu 1,9% em um ano específico relativamente ao ano anterior ou, no caso da Selic, que a taxa de juros subiu meio ponto porcentual.

Por conta dessa pluralidade de formas de apresentação, é importante conhecer e permanecer atento às informações divulgadas para que o teor da mensagem não seja interpretado equivocadamente ou que se perca alguma peça de informação importante.

Nesse sentido, os indicadores de volume, valor e preço podem ser expressos diretamente por suas unidades, como, por exemplo, toneladas de aço produzidas em um determinado período. Os números-índices são números puros construídos a partir de séries originais e apresentados nesse formato específico.

No entanto, essas informações podem ser enriquecidas quando analisadas em termos de variação, o que permite analisar seu comportamento em termos de desempenho ao longo do tempo. Essas variações também podem ser expressas por suas unidades ou em termos porcentuais. No caso dos números-índices, por se tratarem de números puros, a forma usual de apresentar suas variações é em termos porcentuais.

Geralmente, as estruturas comparativas utilizadas para apresentar as variações dos indicadores econômicos ao longo do tempo são as seguintes:

- **Variação em relação ao período imediatamente anterior:** nesse caso, o período pode ser a semana, o mês, o trimestre ou o ano anterior. Exemplo hipotético: queda de 2% na cotação do dólar em junho relativamente a maio.
- **Variação em relação ao mesmo período do ano anterior:** esse tipo de variação visa captar o comportamento da variável relativamente ao mesmo período do ano anterior, geralmente mês ou trimestre. Esse tipo de medida permite uma visualização em termos de nível da variável na comparação com o mesmo período do ano anterior. Exemplo hipotético: a produção de cimento cresceu 2 mil toneladas em outubro relativamente ao mesmo mês do ano anterior.
- **Variação acumulada no ano:** essa comparação visa analisar o desempenho do indicador em questão durante o ano em relação ao mesmo período do ano anterior. Isso permite avaliar como está sendo o desempenho da variável ao longo do ano comparativamente ao mesmo período de referência do ano anterior. Exemplo hipotético: as exportações brasileiras de janeiro a agosto cresceram US$23 bilhões em relação ao mesmo período do ano anterior.

- **Variação acumulada em 12 meses:** compara-se a variação do resultado acumulado nos últimos doze meses com os doze meses imediatamente anteriores. Esse tipo de medida pode ser caracterizado como uma variação de uma média móvel de 12 meses em relação aos 12 meses anteriores (note-se que, no caso de indicadores trimestrais, como o PIB, essa medida é realizada no acumulado em 4 trimestres). É interessante observar que, em dezembro, esse tipo de comparação gera o mesmo resultado da variação acumulada no ano. Exemplo hipotético: o volume de vendas no comércio varejista cresceu 4,3% nos últimos doze meses encerrados em maio.
- **Variação dessazonalizada (ou sazonalmente ajustada):** esse tipo de análise é feita apenas sobre indicadores econômicos que apresentam comportamento sazonal (exemplo: vendas no comércio, cuja sazonalidade é caracterizada por um pico de vendas no final de cada ano). A existência da sazonalidade dificulta a análise e interpretação do indicador na margem (mês relativamente a mês imediatamente anterior). A dessazonalização (ou ajuste sazonal) é um processo estatístico que visa reconstruir a série do indicador, eliminando o problema da sazonalidade, o que permite a comparação na margem sem distorções. Exemplo hipotético: queda sazonalmente ajustada de 0,3% no PIB no terceiro trimestre em relação ao trimestre anterior.

Existem outras formas que podem ser construídas dependendo daquilo que se deseja mostrar ou enfocar. Por exemplo, é possível realizar uma análise de indicadores com médias móveis (trimestrais, por exemplo), o que permite suavizar as séries e torná-las menos voláteis do que a análise mensal.

Com relação aos indicadores expressos em taxa, como a taxa de desemprego, por exemplo, as variações são usualmente expressas em termos de pontos porcentuais. Exemplo: a taxa de juros caiu um ponto porcentual. Outra forma de registrar a variação desses indicadores é por pontos-base, em que cada ponto-base representa 0,01 ponto porcentual. Nesse caso, um aumento de 200 pontos-base representa um aumento de 2 pontos porcentuais na taxa.

Essas são as formas mais diretas em que os indicadores econômicos são divulgados e apresentados. Obviamente, as maneiras aqui apresentadas não esgotam o leque de possibilidades, mas procuramos nos restringir às mais usuais.

1.4 TIPOS DE INDICADORES ECONÔMICOS

Há muitos indicadores econômicos disponíveis na economia brasileira. Esses indicadores vão desde o nível setorial, como a produção de autoveículos, até o macroeconômico, como inflação e PIB.

A análise da conjuntura de uma economia, em geral, se pauta pelo comportamento dos indicadores de natureza macroeconômica. Isso decorre do fato de que esse tipo de análise procura traçar o quadro e as perspectivas em um contexto geral da economia, o que acaba privilegiando esse tipo de indicador.

Notadamente, os indicadores de natureza macroeconômica podem ser segmentados nas seguintes categorias:

i. **Inflação:** indicadores que procuram medir o comportamento da evolução dos preços na economia. Usualmente são apresentados como variação porcentual do número-índice referente ao indicador em questão.

ii. **Atividade econômica:** são indicadores que visam medir o ritmo da atividade econômica. No conjunto desses indicadores, estão incorporados os de natureza macroeconômica (como a medida do PIB), setorial (que ajudam a compor o quadro geral da atividade, como é o caso da produção industrial) e emprego (como a taxa de desocupação).

iii. **Taxas de juros:** são taxas que fazem referência a operações de empréstimo ou de aplicação de recursos financeiros. Existem inúmeras taxas que se referem a diversas operações presentes no sistema financeiro brasileiro. Entretanto, algumas taxas de juros são fundamentais para referenciar as principais operações e as demais taxas de juros (como é o caso da taxa de juros Selic e da taxa DI de um dia).

iv. **Moeda e crédito:** são indicadores que permitem avaliar a evolução dos principais agregados monetários (base monetária, meios de pagamento etc.) e do crédito na economia. Usualmente, os indicadores de agregados monetários são apresentados em valores nominais (R$) e os de crédito podem assumir diferentes formatos (valores nominais, endividamento das famílias em relação à renda etc.).

v. **Setor externo:** as estatísticas do setor externo apresentam o desempenho da economia brasileira no contexto das transações comerciais de bens e serviços e financeiras com o resto do mundo. Essas estatísticas são importantes não apenas para monitorar as condições do país em relação às suas obrigações externas, mas também para proporcionar uma visão sobre os rumos de uma das principais variáveis econômicas quando lidamos no mundo de uma economia aberta: a taxa de câmbio. Por conta disso, no monitoramento das contas externas, alguns indicadores merecem destaque no que se refere às dimensões mencionadas, como o saldo comercial e o volume de reservas internacionais em dólares em posse do Banco Central.

vi. **Contas públicas:** são indicadores que têm como função permitir o acompanhamento das contas do governo ao longo do tempo. Esses indicadores podem englobar apenas as contas da União (como é o caso do Resultado do Tesouro Nacional) ou o setor público como um todo (incorporando também os resultados de estados, municípios e de empresas estatais nas três esferas de governo). São usualmente apresentados em valores nominais (R$) e em porcentagem do PIB.

vii. **Expectativas e confiança:** esse tipo de indicador visa capturar a percepção dos agentes econômicos relativamente a diferentes dimensões da economia. No caso das expectativas, o objetivo dos indicadores é capturar o que os agentes econômicos esperam relativamente a diferentes variáveis, como inflação, crescimento, taxa de juros etc. No caso dos indicadores de confiança, a proposta é captar a percepção dos agentes quanto ao estado do ambiente econômico e de suas perspectivas.

Essa classificação permite categorizar os indicadores econômicos de acordo com sua natureza e finalidade. Por exemplo, o Índice de Preços ao Consumidor Amplo (IPCA), do IBGE, é um indicador que se insere na categoria de inflação e tem como finalidade acompanhar a evolução dos preços ao consumidor de uma cesta representativa de bens e serviços de famílias que ganham entre 1 e 40 salários-mínimos nas principais regiões metropolitanas do País.

A abordagem das categorias dos indicadores apresentada permite uma estruturação organizada e de fácil compreensão da natureza e objetivo de cada indicador. A estrutura do livro reflete essa categorização, em um contexto no qual cada capítulo é destinado a uma categoria específica.

A Figura 1.1 procura ilustrar, de forma genérica, como os diferentes indicadores se relacionam com o Produto Interno Bruto (PIB) brasileiro e as diferentes componentes da demanda. Uma estruturação similar poderia ser feita pelas componentes da ótica da oferta (produção) do PIB, que compreende os setores da agropecuária, indústria e serviços. Todavia, a estruturação pelo lado da demanda se mostra mais interessante, uma vez que as ações do governo em termos de política econômica voltada para ciclos se orientam para influenciar as componentes da demanda agregada.

Figura 1.1 – Produto Interno Bruto (PIB) e Indicadores Econômicos

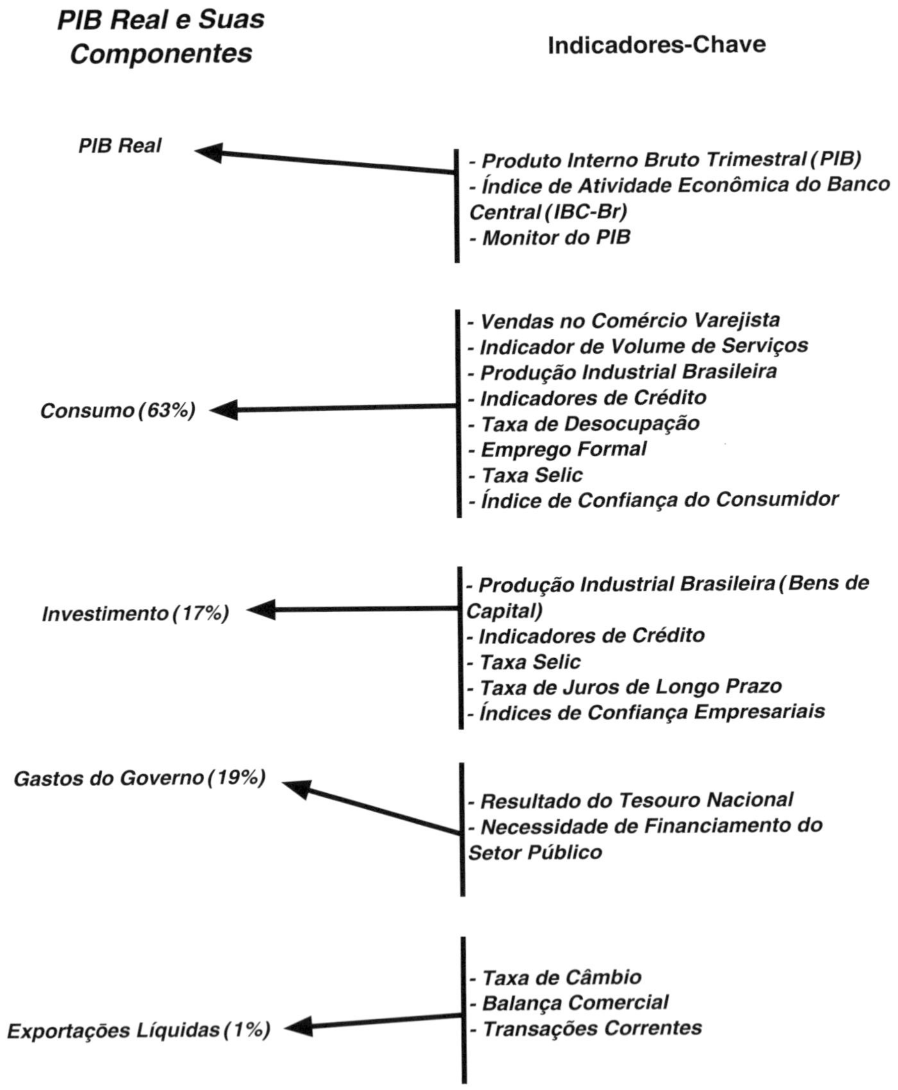

Fonte: Elaboração Própria.

A listagem de indicadores apresentada na Figura 1.1 não é exaustiva, uma vez que não incorpora os índices de inflação. Esses indicadores visam apresentar a forma como os preços estão evoluindo na economia. Seu monitoramento visa avaliar o quadro do comportamento da inflação ao longo do tempo e de suas perspectivas.

A Figura 1.2 apresenta os principais índices de inflação brasileiros, cujo comportamento pode indicar pressões inflacionárias. Note-se que, nessa categoria, foram incluídas as expectativas de inflação levantadas pelo Banco Central junto ao mercado financeiro. Um aumento dessas expectativas pode sinalizar maiores pressões inflacionárias adiante, devendo ser considerado no conjunto da análise acerca da inflação.

Figura 1.2 – Indicadores de Inflação e de Juros

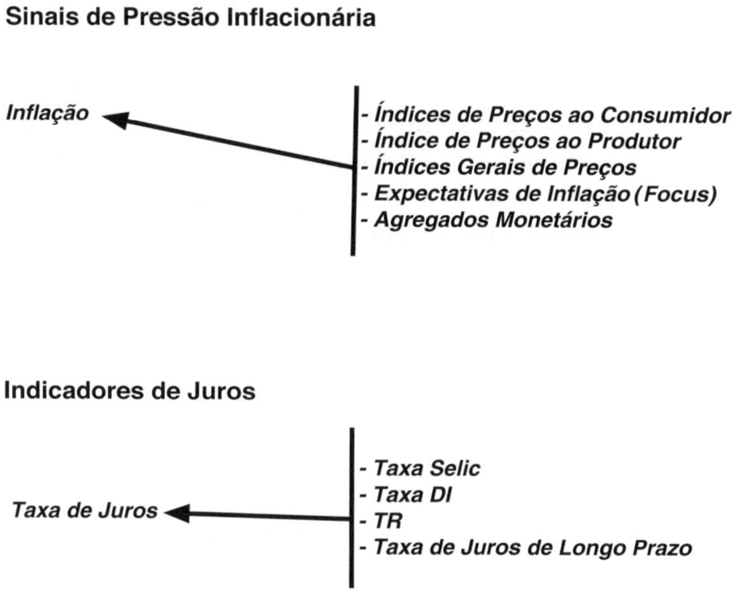

Fonte: Elaboração Própria.

A Figura 1.2 também apresenta as principais taxas de juros brasileiras, utilizadas como instrumento de política monetária pelo Banco Central, como referencial de aplicações de renda fixa no país e de operações do BNDES.

A leitura desses indicadores permite ter uma visão geral sobre o estado da economia brasileira em diferentes áreas. No entanto, a articulação entre eles em diferentes blocos permite uma análise sobre a situação econômica corrente e suas perspectivas. Isso é realizado por meio da análise da conjuntura econômica, que congrega, também, as perspectivas acerca da política econômica.

1.5 ANÁLISE DA CONJUNTURA ECONÔMICA A PARTIR DOS INDICADORES ECONÔMICOS

A análise da conjuntura visa, basicamente, capturar os principais aspectos relacionados ao desempenho de uma economia e de suas perspectivas. Esse tipo de análise pode envolver desde a interpretação dos dados e informações econômicas até o uso de sofisticados modelos econométricos para realizar projeções.

As instituições financeiras e boa parte de empresas não financeiras investem recursos nesse tipo de análise, uma vez que a interpretação da conjuntura se torna essencial para a tomada de decisão dos negócios e de investimentos. Sob essa perspectiva, sinais de recessão mais adiante indicam que a empresa deve ser cautelosa em termos de investimentos em novos negócios. Ela deve estar atenta para o instante em que a economia retomará o crescimento e, com isso, investir no momento correto. Da mesma forma, um quadro de inflação elevada indica que haverá uma reação por parte do governo para frear a alta dos preços. Usualmente, isso se dá elevando os juros (uma boa análise da conjuntura permite antecipar esse movimento, proporcionando margem de manobra para que a empresa ajuste seus negócios). No centro dessa análise estão os indicadores econômicos.

Sob essa perspectiva, embora cada indicador isoladamente apresente a história de uma faceta da economia, esta, na prática, se integra em um quebra-cabeça mais amplo, em que o quadro geral só é percebido mediante o acompanhamento e entendimento do conjunto dos indicadores.

Do ponto de vista prático, os indicadores econômicos enviam sinais para diferentes categorias de análise da economia. Basicamente, os blocos da análise da conjuntura se segmentam em quatro grandes temas:

- Atividade Econômica
- Inflação
- Contas Externas
- Contas Públicas

O quadro traçado em cada bloco e sua análise conjunta permite visualizar o conjunto da economia (e suas perspectivas), bem como delinear as ações da política econômica no campo da política monetária (taxa de juros), política fiscal (impostos e gastos do governo) e política cambial (taxa de câmbio e reservas internacionais).

Dessa forma, estruturamos a análise de cada bloco apontando os indicadores econômicos sensibilizados, os efeitos sobre a economia e reações da política econômica. A seguir, apresentamos cada categoria de análise, indicando seus principais aspectos relacionados à análise da conjuntura.

Atividade Econômica

Em linhas gerais, o ritmo da atividade de uma economia indica o quanto ela está crescendo, gerando renda e emprego. Uma economia aquecida indica que os negócios têm um bom desempenho, com tendência de aumento dos investimentos produtivos e do emprego. Por outro lado, uma economia desaquecida (ou em recessão) indica debilidade das vendas, da produção e da geração de empregos.

Embora a palavra final a respeito do desempenho da economia nesse quesito seja dada pelo resultado do PIB, é possível monitorar o desempenho da atividade em várias frentes ao longo do tempo utilizando os indicadores. Isso se torna particularmente útil considerando-se que o resultado do PIB é trimestral (ou seja, é divulgado apenas a cada três meses) e com uma defasagem de cerca de dois meses após encerrar o trimestre. O Quadro 1.1 apresenta os principais aspectos relacionados à análise da conjuntura no contexto da atividade econômica.

Inflação

O monitoramento da inflação representa um dos eixos centrais do acompanhamento da conjuntura. A evolução dos preços na economia afeta o dia a dia dos agentes econômicos (famílias, empresas, governo etc.) de diferentes formas e uma inflação elevada gera custos indesejáveis. Para evitar isso, os governos atuam de forma a manter a inflação em patamares baixos.

Por conta disso, o monitoramento da inflação é realizado com muito cuidado e atenção por economistas no Brasil e no resto do mundo, sendo um dos principais focos de análise de uma economia. O Quadro 1.2 apresenta os principais eixos de análise da conjuntura envolvendo a inflação.

Quadro 1.1 – Atividade Econômica

Indicadores Sensibilizados:
Indicadores de Atividade: o comportamento desses indicadores dará sinais sobre o grau de aquecimento relativo da economia. **Indicadores de Crédito:** a evolução do crédito e de suas condições dão sinais sobre o que está ocorrendo do lado do consumo (particularmente nas vendas que dependem de crédito, como bens duráveis e setor habitacional) e das empresas (pessoa jurídica). **Indicadores de Expectativas e de Confiança Relacionados à Atividade Econômica:** esses indicadores sinalizam o humor dos agentes quanto ao desempenho da economia e de suas perspectivas.
Efeitos Sobre a Economia: O aquecimento relativo da atividade econômica tende a afetar a dinâmica dos preços na economia. Uma economia aquecida usualmente reflete uma demanda relativamente elevada, o que tende a pressionar os preços. Esse fenômeno, aliado a um nível de desemprego baixo, tende a gerar maiores pressões de elevação dos salários por parte dos trabalhadores, e as empresas tendem a ceder a essas pressões, repassando essa alta de custos para os preços dos bens e serviços (reforçando a dinâmica de alta de preços). No caso de uma economia desaquecida (ou em uma recessão), ocorre o inverso, com uma demanda mais fraca e menores pressões por alta de preços. Nesse quadro, o desemprego elevado também faz com que as pressões por elevações de salários diminuam, levando a menores pressões de custos e de preços por essa via também.
Reações da Política Econômica: O Banco Central pode alterar a taxa de juros para desacelerar a economia ante sinais de pressões inflacionárias em um contexto de economia aquecida. O inverso ocorrerá no caso de sinais de desaquecimento da atividade e de queda da inflação. Como forma de ação complementar à atuação do Banco Central, o governo também pode atuar para estimular a economia cortando impostos ou aumentando seus gastos (ou aumentando as transferências para as famílias, como o Bolsa Família).

Fonte: Elaboração Própria.

Setor Externo

A análise do setor externo diz respeito aos aspectos ligados às relações econômicas do Brasil com o resto do mundo. Isso envolve a avaliação das contas externas brasileiras ao longo do tempo, uma vez que os fluxos de recursos com o exterior são registrados nessas contas. Essa análise permite vislumbrar não apenas a situação atual do país frente ao cenário econômico externo, mas também traçar perspectivas sobre o comportamento da taxa de câmbio. O Quadro 1.3 apresenta os principais eixos relacionados ao setor externo no contexto do estudo da conjuntura econômica.

Quadro 1.2 – Inflação

Indicadores Sensibilizados:
Indicadores de Inflação: o comportamento dos índices de inflação reflete a dinâmica da evolução dos preços da economia. Os diferentes índices apontam elementos diferentes na trajetória dos preços, como os IPCs, que refletem o comportamento dos preços ao consumidor, e os IPAs, que dizem respeito aos preços praticados pelos produtores (mercado atacadista). **Indicadores de Expectativas de Inflação:** as expectativas de inflação correspondem às perspectivas dos agentes econômicos quanto à evolução da dinâmica dos preços no futuro. Uma elevação das expectativas pode afetar a inflação corrente, uma vez que os agentes, racionalmente, tendem a incorporar esse efeito em suas decisões de negócios (contratos, salários etc.). A queda nas expectativas reflete o quadro inverso e tende a tornar os agentes menos propensos a ajustar seus preços com base nesse efeito.
Efeitos Sobre a Economia:
O comportamento da inflação afeta a economia de diferentes formas. Uma inflação elevada aumenta a variabilidade de preços relativos dos bens e serviços, torna maior a frequência de reajuste dos preços por parte das empresas, gera distorções tributárias etc. A inflação também gera impactos sobre as rendas dos agentes. Com uma inflação mais elevada, contratos (e salários) reajustados anualmente, por exemplo, têm uma queda real em termos médios. Contudo, é normal que uma economia que registra crescimento apresente alguma inflação (nas economias desenvolvidas, esse patamar se situa em torno de 2% ao ano). Quadros de deflação crônicos e/ou agudos são sinais de economias deprimidas e sem crescimento.
Reações da Política Econômica:
A política monetária é o eixo central dos governos para administrar a inflação. Um aumento da taxa de juros por parte do Banco Central gera um aumento das taxas praticadas nas operações de empréstimo, aumentando o custo do crédito. Com isso, o consumo das famílias e os investimentos das empresas desaceleram, diminuindo o ritmo da atividade e impondo menor pressão nos preços. A desaceleração da atividade também afeta o mercado de trabalho, levando a um aumento do desemprego e diminuindo as pressões por aumentos salariais (e, com isso, reduzindo as pressões sobre os custos das empresas, que levariam a uma alta dos preços dos bens e serviços). O movimento inverso ocorre no caso de uma baixa dos juros por parte do Banco Central. Em um regime de metas para inflação, o norte para as ações dos juros é dado pelos desvios da inflação corrente e de suas expectativas em relação às metas estabelecidas. Um aumento desses desvios, para cima ou para baixo, é levado em consideração nas decisões de juros do Banco Central.

Fonte: Elaboração Própria.

Quadro 1.3 – Setor Externo

Indicadores Sensibilizados:

Indicadores do Setor Externo: os indicadores das contas externas, conforme apontado anteriormente, refletem as transações do país com o resto do mundo. A peça fundamental que exibe essas contas é o Balanço de Pagamentos, que é dividido em três grandes blocos: conta-corrente, conta capital e financeira e erros e omissões.

Efeitos Sobre a Economia:

As transações correntes refletem o quanto o país está gerando de dólares com as vendas externas de bens, serviços e ingresso de rendas relativamente ao uso de recursos externos com importações, uso de serviços do exterior e envio de rendas. Um resultado negativo nessa conta indica que o País terá que se financiar para fazer frente a esse deficit. Um superavit indica que o Brasil está gerando um volume líquido positivo de recursos externos nessa conta.

A conta capital e financeira, por sua vez, reflete os ingressos e saídas de recursos em dólares do país relacionados às transações financeiras com o resto do mundo e investimentos do Brasil no exterior e do resto do mundo no país (isso engloba investimentos em renda fixa, renda variável, investimentos diretos na produção etc.). Essa conta também engloba as movimentações das reservas internacionais brasileiras.

A conta de erros e omissões incorpora operações não identificadas pelo Banco Central, mas que foram registradas no balanço de pagamentos.

Como qualquer peça contábil, o balanço de pagamentos deve zerar, ou seja, na ausência de erros e omissões, um deficit em transações correntes tem como contrapartida um superavit na conta capital e financeira. Por sua vez, um superavit em transações correntes tem como contrapartida um deficit na conta capital e financeira.

Em um regime de taxa de câmbio flutuante, como é o caso brasileiro, os desequilíbrios gerados por fluxos de dólares, em um sentido ou outro (ingresso ou saída), afetam diretamente a taxa de câmbio.

As oscilações da cotação do dólar não afetam apenas o desempenho das contas externas (podendo estimular ou desestimular exportações ou importações). O valor da moeda estrangeira também afeta os preços praticados domesticamente dos bens comercializáveis com o exterior (insumos básicos, intermediários e bens finais). Isso significa que, em última instância, variações na cotação da moeda estrangeira também tendem a afetar a inflação doméstica. Nesse sentido, uma alta expressiva da cotação do dólar tende a elevar os preços domésticos dos bens comercializáveis com o exterior, acelerando a inflação. O inverso ocorre no caso de uma queda da cotação da moeda estrangeira.

Reações da Política Econômica:

O atual regime cambial brasileiro é de flutuação administrada (ou "suja"). Nesse regime, a cotação do dólar é formada a partir da oferta e demanda de dólares no mercado de câmbio, havendo a possibilidade de o Banco Central comprar dólares (caso queira evitar que a cotação caia muito) ou vender moeda estrangeira (caso deseje evitar que a cotação do dólar suba muito) nesse mercado.

O Banco Central atua de tempos em tempos comprando ou vendendo moeda estrangeira para evitar oscilações indesejáveis da taxa de câmbio. Além de atuar no mercado de moeda estrangeira à vista (spot), ele também atua via derivativos, com swaps cambiais, para ofertar *hedge* (proteção) a agentes com posições expostas a flutuações cambiais.

Fonte: Elaboração Própria.

Contas Públicas

A análise das contas do governo permite avaliar sua saúde financeira ao longo do tempo e a necessidade de eventuais ajustes no campo fiscal. Uma vez que a sociedade financia o deficit do governo, absorvendo seu endividamento adquirindo títulos públicos, é essencial monitorar a evolução de suas contas no contexto da avaliação da sustentabilidade da dívida ao longo do tempo e dos riscos envolvidos.

Ao mesmo tempo, a análise das contas do governo permite visualizar a margem de manobra que o setor público tem para lidar com a eventual necessidade de ampliar seus gastos (ou de cortar impostos) para fazer frente a uma recessão mais pronunciada. O Quadro 1.4 apresenta os principais indicadores sensibilizados do ponto de vista fiscal, bem como os efeitos sobre a economia e as potenciais reações da política econômica.

Os principais eixos de acompanhamento da conjuntura envolvem o monitoramento dos indicadores econômicos nas diferentes categorias listadas. Por conta disso, o acompanhamento desses indicadores ganha peso crucial no acompanhamento da conjuntura.

Apesar da ajuda de cada indicador na elaboração de um quadro mais completo da conjuntura econômica, cada um deles apresenta um peso distinto em termos de importância relativa para o mercado financeiro e para as empresas. Isso decorre do fato de que alguns indicadores detêm uma capacidade mais ampla de fornecer informações correntes e tendências econômicas e/ou têm maior ou menor peso relativo com respeito à percepção de seus impactos sobre as decisões de política econômica.

Nesse sentido, o Quadro 1.5 apresenta os indicadores econômicos acompanhados mais de perto por economistas de mercado e de empresas no contexto da análise da conjuntura econômica. Esse quadro procura, de forma geral, estabelecer o grau de impacto relativo do indicador sobre o mercado em torno de sua divulgação e acompanhamento.

Dentro dessa lógica, o impacto de cada indicador é categorizado em três níveis:

★★★ – Alto
★★ – Médio
★ – Baixo

Essa métrica é apresentada, também, na análise de cada indicador ao longo do livro.

Quadro 1.4 – Contas Públicas

Indicadores Sensibilizados:

Indicadores de Contas Públicas: essa categoria de indicadores tem como objetivo permitir o acompanhamento das contas do governo ao longo do tempo. As principais fontes dessas informações encontram-se no governo federal, apresentando o nível de receitas fornecido pela Secretaria da Receita Federal, e o resultado do governo federal, divulgado pela Secretaria do Tesouro Nacional, no qual são incorporadas as despesas correntes da União. O Banco Central apresenta o resultado fiscal do setor público, que engloba as demais esferas de governo (estados e municípios) e as empresas estatais nos três níveis de governo.

Efeitos Sobre a Economia:

A política fiscal voltada para estabilizar os ciclos econômicos dispõe de instrumentos que podem estimular ou desestimular a atividade econômica. Basicamente, os governos possuem dois instrumentos para atuar nesse sentido: os impostos e os gastos do governo.

A redução dos impostos, em última instância, aumenta a renda disponível das famílias, estimulando o consumo. Um aumento dos impostos gera o efeito contrário.

O aumento dos gastos do governo estimula a demanda na economia, provocando um aumento da atividade econômica. O inverso ocorre no caso da redução dos gastos por parte do governo.

O governo também pode atuar com repasses diretos para as famílias, como é o caso do Bolsa Família e do auxílio emergencial durante a pandemia. Esses repasses tendem a estimular a demanda da economia via aumento do consumo.

A métrica de receitas menos despesas não financeiras é capturada pelo resultado primário. O resultado nominal, por sua vez, incorpora ao resultado primário as receitas e despesas financeiras (pagamento de juros da dívida pública, primordialmente).

A dimensão do resultado nominal condiciona o quanto o setor público terá que se financiar no mercado emitindo títulos públicos. Sob essa perspectiva, um deficit nominal gera uma necessidade de financiamento, o que fará com que o governo tenha que emitir títulos públicos (se endividar) para honrar suas obrigações. Um superavit nominal gera o efeito inverso.

Uma preocupação sempre apontada nesse aspecto diz respeito à sustentabilidade do endividamento público. Nesse sentido, caso o governo acumule deficits expressivos ao longo do tempo, ele pode gerar uma trajetória de endividamento acelerado, aumentando os riscos de insolvência e moratória da dívida pública. Por conta disso, os resultados do governo e suas perspectivas são acompanhados de perto pelos economistas.

(Continua)

Reações da Política Econômica:

A orientação da política econômica do governo no campo fiscal vai depender da necessidade relativa de sua ação para estimular ou desestimular a atividade econômica. Em caso de recessão, o governo pode estimular a atividade cortando impostos, aumentando seus gastos e/ou transferências para as famílias. O grau de ação dessa política vai depender da dimensão da necessidade dessa ação. Usualmente, em momentos mais críticos, como durante a crise financeira de 2008 ou na pandemia de 2020, o governo atuou de forma mais incisiva nessa direção para evitar um aprofundamento da recessão. Em circunstâncias normais do ritmo da atividade, o papel de ajuste fino da demanda cabe à política monetária (taxa de juros), capitaneada pelo Banco Central.

O aumento de impostos ou o corte de gastos (bem como a redução das transferências), em tese, também podem ser utilizados para desestimular a atividade, mas usualmente não estão, de modo geral, presentes na ordem do dia dos governos. Via de regra, o papel de desestimular a atividade para conter pressões inflacionárias, tradicionalmente recai sobre a política monetária.

As reações da política fiscal, aumentando impostos e/ou cortando gastos, também podem ocorrer em função da necessidade de ajustar as contas públicas. Esse ajuste pode ser necessário para adequar a geração de resultados fiscais à sustentabilidade da dívida pública.

Fonte: Elaboração Própria.

Quadro 1.5 – Impacto dos Diferentes Indicadores

Indicador	Impacto no Mercado	Fonte
Inflação		
IPCA	★★★	IBGE
IPCA-15	★★★	IBGE
INPC	★	IBGE
IGP-DI	★★	FGV
IGP-M	★★	FGV
IGP-10	★	FGV
IPC-FIPE	★	FIPE
IPC-S	★	FGV
Atividade Econômica		
Produto Interno Bruto (PIB) Trimestral	★★★	IBGE
IBC-Br	★★★	BCB
Monitor do PIB	★★	FGV
Produção Industrial Brasileira – PIM-PF	★★	IBGE
Vendas no Comércio Varejista	★★	IBGE
Indicador de Volume de Serviços	★★	IBGE

(Continua)

Indicador	Impacto no Mercado	Fonte
Taxa de Desocupação	★★★	IBGE
Emprego Formal	★	MTE
Taxas de Juros		
Meta da Taxa Selic	★★★	BCB
Taxa DI	★★★	B3
Taxa Referencial (TR)	★	BCB
Taxa de Juros de Longo Prazo (TLP)	★	BNDES
Moeda & Crédito		
Indicadores de Crédito	★★	BCB
Agregados Monetários	★	BCB
Setor Externo		
Taxa de Câmbio	★★★	BCB
Balança Comercial	★★	BCB
Transações Correntes	★★★	BCB
Posição Internacional de Investimentos	★	BCB
Reservas Internacionais	★★	BCB
Contas Públicas		
Arrecadação Federal	★★	MF/SRF
Resultado do Tesouro Nacional	★★★	MF/STN
Estatísticas Fiscais	★★★	BCB
Sondagens & Expectativas		
Expectativas de Mercado (Focus)	★★★	BCB
Indicador de Incerteza da Economia	★★	FGV
Índice de Confiança do Consumidor	★	FGV
Índice de Confiança Empresarial	★	FGV

Grau de Impacto do Indicador:
★★★ – Alto
★★ – Médio
★ – Baixo

Legenda das Fontes:
B3 – Bolsa Brasileira (Brasil, Bolsa e Balcão)
BCB – Banco Central do Brasil
BNDES – Banco Nacional de Desenvolvimento Econômico e Social
FGV – Fundação Getulio Vargas
FIPE – Fundação Instituto de Pesquisa Econômica da Universidade de São Paulo
IBGE – Instituto Brasileiro de Geografia e Estatística
MF/SRF – Secretaria da Receita Federal do Ministério da Fazenda
MF/STN – Secretaria do Tesouro Nacional do Ministério da Fazenda
MTE – Ministério do Trabalho e Emprego

Fonte: Elaboração Própria.

CAPÍTULO 2

INFLAÇÃO

2.1 INTRODUÇÃO

Em linhas gerais, podemos dizer que, na prática, a inflação representa uma variação positiva do nível médio de preços de uma economia. Essa definição, apesar de simples, é muito genérica e embute várias questões relacionadas a essa medida.

Sob esse aspecto, a melhor medida de inflação da economia seria dada pelo deflator do PIB, que mede a variação média de todos os bens e serviços produzidos na economia em um determinado período.

No entanto, apesar de ser a melhor medida, dado seu grau de abrangência, ela enfrenta várias limitações práticas. Em primeiro lugar, essa medida é trimestral, sendo considerada um indicador de baixa frequência. Por conta disso, a métrica só é conhecida a cada três meses. Em segundo lugar, a medida do PIB é divulgada com uma defasagem de cerca de dois meses após o encerramento do trimestre. Por fim, as medidas do PIB trimestral estão sujeitas a revisões e correções, tornando esse indicador, em tese, passível de revisão.

Por conta dessas limitações e dada a necessidade de medidas mais frequentes e contemporâneas, o uso dos índices de preços se tornou corrente nas economias ao redor do mundo.

No caso do Brasil, por diferentes razões, foram criados vários índices de preços, que procuram monitorar o comportamento da inflação do país por enfoques diversos. Neste capítulo, abordaremos os principais índices de preços existentes na economia brasileira.

2.2 ÍNDICE NACIONAL DE PREÇOS AO CONSUMIDOR AMPLO (IPCA)

Impacto: ★★★

Onde Obter: www.ibge.gov.br

Divulgação: em geral, entre os dias 8 a 12 de cada mês, às 9h (vide calendário no site para detalhamento de datas).

2.2.1 Descrição

O Índice Nacional de Preços ao Consumidor Amplo (IPCA) é o índice que mede a inflação oficial do país. Também é o índice utilizado no sistema de metas para inflação brasileiro, servindo de referência para a tomada de decisão de taxa de juros pelo Banco Central.

O IPCA é calculado mensalmente pelo IBGE de maneira sistemática desde dezembro de 1979. Seu propósito é medir a variação média dos preços de uma cesta representativa de consumo de bens e serviços de famílias cuja faixa de renda se situa entre 1 e 40 salários mínimos. Por conta desse espectro de renda mais amplo, esse índice incorpora uma parcela maior da população e, daí, decorre sua denominação de Índice Nacional de Preços ao Consumidor Amplo (IPCA).

O IBGE atualizou a cesta de bens e serviços no cálculo do índice a partir de janeiro de 2020, passando a utilizar os resultados obtidos na Pesquisa de Orçamentos Familiares (POF) realizada em 2017/2018, que passou a contar com 377 produtos e serviços na cesta. Ela substituiu a POF de 2008/2009, utilizada desde janeiro de 2012. Na nova cesta, passaram a integrar itens como serviços de streaming, transportes por aplicativo, tratamento e higiene de animais domésticos. Nessa atualização, deixaram de constar itens que diminuíram sua participação ou foram eliminados do orçamento das famílias, como DVDs, assinaturas de jornal e máquinas fotográficas.

Os preços são coletados, em geral, de 1 a 30 do mês de referência, sendo que as unidades de coleta são estabelecimentos comerciais e de serviço, concessionárias de serviços públicos e internet. A divulgação do índice ocorre no início do mês seguinte.

Em termos de abrangência geográfica, o índice é apurado em 10 regiões metropolitanas do país e nos municípios de Goiânia, Campo Grande, Rio Branco, São Luís, Aracaju e Brasília.

O IBGE também divulga variantes do índice, como o IPCA-15, cuja diferença em relação ao IPCA reside no período de coleta dos preços, que se situa entre o dia 16 de um mês e o dia 15 do mês seguinte. Isso representa um deslocamento de 15 dias na janela de coleta em relação ao IPCA, na qual a coleta dos preços ocorre entre 1 e 30 de cada mês. O IPCA-E (Índice de Preços ao Consumidor Amplo Especial) começou a ser divulgado em dezembro de 1991, e a partir de janeiro de 1995 passou a ser divulgado trimestralmente, representando o resultado acumulado da inflação medida pelo IPCA-15 no trimestre.

O Índice Nacional de Preços ao Consumidor (INPC) é calculado desde 1979 e tem a mesma abrangência geográfica do IPCA e o mesmo período de coleta. No entanto, ele se refere a famílias cuja renda situa-se entre 1 e 5 salários mínimos, nas quais o chefe é assalariado. Em outras palavras, o INPC reflete a inflação que atinge camadas de renda mais baixa que o IPCA e tende a ter um comportamento mais sensível a variações nos preços de itens básicos, como alimentos, transportes etc.

2.2.2 Importância

Atualmente, o IPCA é o índice de inflação mais importante na economia brasileira. Essa condição se deve não apenas ao fato de que ele representa a inflação oficial do país, mas também porque é utilizado como referência para o sistema de metas para inflação brasileiro. Isso significa que as decisões de política monetária do Banco Central são balizadas de acordo com o comportamento desse índice, bem como de suas perspectivas futuras.

Por conta disso, os economistas e o mercado financeiro ficam muito atentos às divulgações do IPCA, uma vez que o resultado do índice afeta diretamente as perspectivas futuras da política monetária e da taxa de juros brasileira. Bancos, consultorias e casas de investimento despendem muitos recursos para realizar as projeções mais acuradas possíveis desse índice.

O IPCA também é utilizado como indexador para alguns títulos públicos brasileiros. O Tesouro IPCA+ com Juros Semestrais é um título público que tem como indexador de rentabilidade a variação desse índice de preços acrescida de juros. Esse título, como o próprio nome indica, tem pagamentos de juros semestrais e do principal no vencimento do título.

O Tesouro IPCA+, por sua vez, é um título público cuja remuneração corresponde à variação do índice de preços acrescida de juros. A diferença entre esse título e o anterior é que o pagamento dos juros e do principal do título ocorre no vencimento.

O IPCA também tem sido utilizado cada vez mais como indexador de reajustes nos contratos de aluguéis residenciais e comerciais.

O IPCA-E, por sua vez, tem sido utilizado como indexador para a atualização monetária da justiça do trabalho desde 2015.

2.2.3 Como interpretar

O IBGE divulga o IPCA mensalmente, e o calendário de divulgação está disponível no site da instituição. Na data especificada, o Instituto divulga um release no site apontando os principais aspectos relacionados ao índice.

Nesse release, o IBGE aponta qual foi a inflação medida pelo IPCA no mês, quanto ficou a inflação acumulada no ano corrente e qual a inflação acumulada em 12 meses. O Instituto também destaca as variações observadas nessas métricas em relação ao mês anterior.

Esse tipo de abordagem permite verificar o comportamento da inflação na margem (ou seja, no mês corrente) e seu comportamento de médio prazo (acumulado no ano e em doze meses). Isso proporciona alguma sensibilidade acerca da aceleração ou desaceleração da inflação. O Quadro 2.1 apresenta as principais métricas informadas pelo IBGE nas divulgações mensais do IPCA.

Quadro 2.1 – Principais Métricas Apresentadas

Métrica	Análise
Resultado Mensal do Período de Referência	Inflação no mês t.
Resultado Mensal do Período Anterior ao de Referência	Inflação no mês t-1, que permite acompanhar a evolução de curto prazo.
Resultado Mensal do Mesmo Período de Referência no Ano Anterior	Inflação no mês t-12, que permite comparar o patamar da inflação em relação ao mesmo período do ano anterior.
Acumulado do Ano	Mede a inflação acumulada até o mês de referência.
Acumulado nos Últimos 12 meses	Mede a inflação acumulada nos últimos 12 meses até o mês de referência. Permite acompanhar a evolução da inflação em um horizonte mais longo.

Fonte: Elaboração Própria.

O IBGE também torna público os principais fatores que condicionaram o comportamento da inflação no período pelos grupos que compõem o índice (são nove ao todo), destacando os pontos de maior influência em cada grupo. O Quadro 2.2 apresenta os grupos do IPCA e a participação de cada um em dezembro de 2019, cuja fonte é a Pesquisa de Orçamentos Familiares (POF) realizada entre 2017 e 2018).

Quadro 2.2 – Estrutura de Ponderação dos Grupos do IPCA – dezembro/2019

Grupo	Peso (%)
Índice Geral	**100%**
Alimentação e bebidas	19,35%
Habitação	15,59%
Artigos de residência	3,75%
Vestuário	4,58%
Transportes	20,60%
Saúde e cuidados pessoais	13,53%
Despesas pessoais	10,73%
Educação	6,15%
Comunicação	5,72%

Fonte: IBGE.

Na divulgação, o Instituto também destaca o comportamento da inflação medida pelo IPCA por região, dando destaque aos fatores condicionantes da inflação em regiões específicas.

Dessa forma, a divulgação do IBGE procura proporcionar uma visão geral do resultado do índice no mês, oferecendo uma perspectiva de curto e de médio prazo para o comportamento da inflação. Ao mesmo tempo, o Instituto alerta para os principais destaques acerca dos fatores que condicionaram o comportamento da inflação no período.

Esse conjunto de informações é particularmente importante no monitoramento do comportamento da inflação. Vale lembrar que o IPCA é o índice oficial de inflação brasileiro e utilizado como referência para o sistema de metas de inflação do Banco Central. Por conta disso, ele é monitorado de perto por investidores, e eventuais desvios do resultado em relação às projeções elaboradas pelos economistas tendem a gerar fortes movimentos no mercado. A interpretação desses desvios pode levar a uma reinterpretação do quadro inflacionário de curto ou de médio prazo, o que pode condicionar as projeções de taxas de juros futuras.

Por fim, vale a pena ressaltar que o IBGE divulga o resultado do INPC para o mês nesse mesmo release, apontando as principais características do resultado do indicador.

2.2.4 Detalhando o indicador

O IPCA é um dos indicadores do IBGE que compõem o Sistema Nacional de Índice de Preços ao Consumidor (SNIPC). Além dele, fazem parte desse sistema o INPC, o IPCA-15 e o IPCA-E.

O índice é composto por nove grupos e dezenove subgrupos, conforme pode ser observado na Figura 2.1.

Figura 2.1 – Grupos e Subgrupos

Grupos	Subgrupos			
Alimentação e Bebidas	Alimentação no Domicílio	Alimentação Fora do Domicílio		
Habitação	Encargos e Manutenção	Combustíveis e Energia		
Artigos de Residência	Móveis e Utensílios	Aparelhos Eletroeletrônicos	Consertos e Manutenção	
Vestuário	Roupas	Calçados e Acessórios	Joias e Bijuterias	Tecidos e Armarinho
Transportes	Transportes			
Saúde e Cuidados Pessoais	Produtos Farmacêuticos e Óticos	Serviços de Saúde	Cuidados Pessoais	
Despesas Pessoais	Serviços Pessoais	Recreação, Fumo e Fotografia		
Educação	Cursos, Leitura e Papelaria			
Comunicação	Comunicação			

Fonte: IBGE.

Além dos níveis de grupo e subgrupo, o índice ainda pode ser desagregado no nível de item e subitem. Por exemplo, banana-prata é um subitem que faz parte do item frutas, que, por sua vez, faz parte do subgrupo alimentação no domicílio, que está no grupo alimentação e bebidas.

Um bom índice de preços ao consumidor deve refletir da melhor maneira possível a variação do custo de vida das famílias da população abrangida, que é o objetivo desse índice. Por conta disso, os itens que compõem a cesta de produtos e os pesos dos itens que a integram devem ser os mais próximos possíveis da realidade enfrentada por essas famílias. Dessa forma, os institutos devem atualizar periodicamente as cestas de bens e serviços que compõem os índices.

Isso é realizado por meio da Pesquisa de Orçamentos Familiares (POF), que é uma pesquisa domiciliar baseada em um desenho amostral. Essa pesquisa, no âmbito do SNIPC, tem como objetivo obter as informações relativas aos rendimentos e despesas das famílias residentes nas regiões metropolitanas do Brasil. Isso permite ao IBGE estabelecer as estruturas de ponderação de seus índices de preços (dentre eles, o IPCA).

Ao longo de sua história, o IBGE realizou seis pesquisas dessa natureza, tendo-se por referência os anos de 1974–1975, 1987–1988, 1995–1996, 2002–2003, 2007–2008 e 2017–2018 (que é a edição mais recente, quando foram pesquisados, aproximadamente, 75 mil domicílios).

Dada a elevada gama de bens e serviços que compõem a cesta das famílias brasileiras representadas nas diferentes regiões do país (são 377 itens atualmente), a ponderação de cada item tende a ser diluída no índice.

É importante destacar que cada área pesquisada no âmbito do sistema de preços do IBGE tem sua própria cesta de produtos, gerada a partir da POF. A cesta nacional de um índice é composta pela combinação de todos os bens e serviços em linha com as despesas realizadas pelas famílias de cada uma das áreas de abrangência do índice. Dessa forma, o peso de cada subitem na cesta nacional depende de seu peso na cesta da respectiva área, ajustado pelo peso desta em âmbito nacional.

Os pesos regionais diferem entre os diferentes índices do IBGE. No caso do IPCA, os pesos das áreas são gerados a partir das estimativas do rendimento familiar monetário mensal. No caso do INPC, o IBGE utiliza a proporção da população residente urbana. Ambas as estimativas utilizadas pelo Instituto são obtidas a partir da POF. O Quadro 2.3 apresenta os pesos regionais para os índices do IBGE.

Quadro 2.3 – Pesos Regionais do INPC, IPCA e IPCA-15

Área	INPC	IPCA	IPCA-15
Rio Branco	0,72	0,51	
Belém	6,95	3,94	4,46
São Luís	3,47	1,62	
Fortaleza	5,16	3,23	3,88
Recife	5,6	3,92	4,71
Aracaju	1,29	1,03	
Salvador	7,92	5,99	7,19
Belo Horizonte	10,35	9,69	10,04
Vitória	1,91	1,86	
Rio de Janeiro	9,38	9,43	9,77
São Paulo	24,6	32,28	33,45
Curitiba	7,37	8,09	8,09
Porto Alegre	7,15	8,61	8,61
Campo Grande	1,73	1,57	
Goiânia	4,43	4,17	4,96
Brasília	1,97	4,06	4,84

Fonte: IBGE.

Conforme foi destacado anteriormente, o IPCA é o índice de preços mais importante atualmente produzido pelo IBGE. Isso se deve ao fato de que ele representa o índice oficial de inflação do país. Entretanto, conforme apontado anteriormente, o IBGE também produz outros índices de preços, que não têm tanto destaque quanto o IPCA, mas que compõem seu sistema de preços e são divulgados sistematicamente. O conhecimento desses índices também se mostra relevante. O Quadro 2.4 sintetiza as principais características de cada índice de preços ao consumidor produzido pelo IBGE no âmbito do SNIPC.

Quadro 2.4 – Síntese das Principais Características dos IPCs do IBGE

	INPC	IPCA	IPCA-15	IPCA-E
Período de Coleta de Preços	Usualmente do 1º ao 30º dia do mês t	Usualmente do 1º ao 30º dia do mês t	Usualmente do 16º dia do mês t-1 até o 15º dia do mês t	Usualmente do 16º dia do mês t-1 até o 15º dia do mês t
Frequência	Mensalmente	Mensalmente	Mensalmente	Trimestralmente
População-objetivo	Famílias residentes nas áreas urbanas das regiões de abrangência do SNIPC, com rendimentos de 1 a 5 salários mínimos, cuja pessoa de referência é assalariada.	Famílias residentes nas áreas urbanas dos estados cobertos pelo índice cujos rendimentos familiares monetários disponíveis mensais, oriundos de qualquer fonte, totalizam montante contido entre 1 e 40 salários mínimos.	Famílias residentes nas áreas urbanas dos estados cobertos pelo índice cujos rendimentos familiares monetários disponíveis mensais, oriundos de qualquer fonte, totalizam montante contido entre 1 e 40 salários mínimos.	Famílias residentes nas áreas urbanas dos estados cobertos pelo índice cujos rendimentos familiares monetários disponíveis mensais, oriundos de qualquer fonte, totalizam montante contido entre 1 e 40 salários mínimos.
Fonte dos Pesos	Pesquisas de Orçamentos Familiares	Pesquisas de Orçamentos Familiares	Pesquisas de Orçamentos Familiares	Pesquisas de Orçamentos Familiares
Principais Usos	Medida de inflação para as faixas de renda mais baixas.	É a inflação oficial do país.	É comumente retratada como uma prévia da inflação medida pelo IPCA.	É utilizado, assim como o IPCA, para o reajuste de valores em contratos públicos e privados.
	Referência para o reajuste de benefícios de seguridade social, como pagamentos de pensões e aposentadorias.	Medida do movimento geral de preços no mercado varejista.		Frequentemente usado como fator de reajuste do Imposto sobre a Propriedade Predial e Territorial Urbana (IPTU).
		Geralmente utilizado para o reajuste de valores em contratos públicos e privados.		Frequentemente referenciado para a atualização dos valores de precatórios.
		Indexador de alguns títulos públicos federais.		

Fonte: IBGE.

2.3 ÍNDICE GERAL DE PREÇOS (IGP)

Impacto: ★★

Onde Obter: www.portalibre.fgv.br

Divulgação: Em geral, até o dia 10 de cada mês no caso do IGP-DI; até o dia 30 de cada mês no caso do IGP-M (havendo duas prévias relativas ao 1º e 2º decêndio do índice); e o IGP-10 é divulgado em torno do dia 15 de cada mês. A data exata de divulgação de cada índice é publicada no calendário de divulgação no portal da instituição.

2.3.1 Descrição

O Índice Geral de Preços (IGP) é calculado pelo Instituto Brasileiro de Economia (IBRE), da Fundação Getulio Vargas (FGV). Esse índice foi criado no final dos anos 1940 para representar uma métrica abrangente do comportamento dos preços da economia. Em função disso, o IGP é constituído por uma média aritmética ponderada de três índices de preços: o Índice de Preços ao Produtor Amplo (IPA), o Índice de Preços ao Consumidor (IPC) e o Índice Nacional de Custos da Construção (INCC). O Quadro 2.5 apresenta a descrição de cada um dos índices que compõe o IGP.

O Índice Geral de Preços (IGP), conforme apontado anteriormente, é uma média aritmética ponderada daqueles três índices. A estrutura de ponderação corresponde a parcelas da despesa interna bruta, calculada com base nas Contas Nacionais. Isso resulta na seguinte distribuição de pesos:

- IPA (60%)
- IPC (30%)
- INCC (10%)

Atualmente, o IGP é divulgado periodicamente em três versões distintas (família IGP): Índice Geral de Preços-Disponibilidade Interna (IGP-DI); Índice Geral de Preços-Mercado (IGP-M); e Índice Geral de Preços-10 (IGP-10).

O **Índice Geral de Preços-Disponibilidade Interna (IGP-DI)** começou a ser divulgado em 1947 (embora sua série retroaja a 1944). O índice está estruturado para capturar o movimento de preços mediante pesquisa realizada nas áreas de cobertura de cada componente ao longo do mês de referência, ou seja, do primeiro ao último dia do mês.

Quadro 2.5 – Descrição dos Índices Componentes do IGP

Índice de Preços ao Produtor Amplo (IPA): possui abrangência nacional e foi concebido para medir as variações médias dos preços recebidos pelos produtores na venda dos produtos. A composição desse índice toma como base as pesquisas estruturais relativas aos setores agropecuário e industrial divulgadas pelo IBGE, e o levantamento dos preços toma por base as principais regiões produtivas do país. O índice é apresentado em duas diferentes formas de classificação de seus itens: de acordo com a origem (produtos agropecuários e industriais) e de acordo com estágios de processamento (matérias-primas brutas, bens intermediários e bens finais).

Índice de Preços ao Consumidor (IPC): tem como objetivo medir a variação dos preços de um conjunto fixo de bens e serviços componentes de despesas habituais de famílias cuja renda se situa entre 1 e 33 salários mínimos mensais. Os bens e serviços que integram a amostra do índice estão distribuídos em oito grupos: alimentação; habitação; vestuário; saúde e cuidados pessoais; educação, leitura e recreação; transportes, despesas diversas; e comunicação. Em termos de abrangência geográfica, o índice cobre as sete principais capitais do país: Belo Horizonte, Brasília, Porto Alegre, Recife, Rio de Janeiro, Salvador e São Paulo.

Índice Nacional de Custos da Construção (INCC): mede a evolução dos custos de construções habitacionais. Esse índice tem como abrangência geográfica as mesmas sete capitais do IPC: Belo Horizonte, Brasília, Porto Alegre, Recife, Rio de Janeiro, Salvador e São Paulo. O índice nacional é resultado da média aritmética ponderada dos sete índices das capitais. Além do índice geral, o INCC gera dois subprodutos, conhecidos como índice de mão de obra e índice de materiais, equipamentos e serviços da construção civil.

O **Índice Geral de Preços-Mercado (IGP-M)** passou a ser calculado pelo Instituto Brasileiro de Economia (IBRE) a partir de um contrato celebrado entre a Confederação Nacional das Instituições Financeiras (CNF) e a Fundação Getulio Vargas (FGV) em maio de 1989. A base metodológica do IGP-M é a mesma do IGP-DI, sendo que ele difere deste último nos seguintes aspectos:

- A coleta dos preços é compreendida entre o dia 21 do mês anterior ao de referência e o dia 20 do mês de referência.
- O índice é apurado três vezes ao longo do mês de referência, em intervalos de dez dias, denominados decêndios.
- Os valores das duas primeiras apurações prévias são considerados como parciais e o último será o resultado definitivo do mês de referência.
- As coletas realizadas nas três apurações são cumulativas, somando 10, 20 e 30 dias, respectivamente.

Assim, fica claro que a principal diferença entre o IGP-DI e o IGP-M reside na janela de coleta dos preços realizada nos dois índices. Enquanto no IGP-DI a coleta é realizada entre os dias 1 e 30 (ou 31) de cada mês, no IGP-M a coleta é compreendida entre os dias 21 do mês anterior até o dia 20 do mês de referência. Adicionalmente, o IGP-M conta com duas prévias: a primeira prévia captura a coleta realizada entre os dias 21 a 30 do mês anterior ao de referência; a segunda prévia captura a coleta realizada entre os dias 21 do mês anterior ao dia 10 do mês de referência; e a divulgação do índice definitivo, que captura a coleta realizada entre os dias 21 do mês anterior e dia 20 do mês de referência.

O **Índice Geral de Preços-10 (IGP-10)** teve sua divulgação iniciada em 1993 e, tal como o IGP-M, tem sua base metodológica assentada no IGP-DI. A diferença é que a coleta de preços dos itens que compõem o IGP-10 é realizada entre os dias 11 do mês anterior e o dia 10 do mês de referência.

O Quadro 2.6 sintetiza as principais informações relativas aos diferentes IGPs divulgados pela FGV.

Quadro 2.6 – Índice Geral de Preços (IGP) – Síntese

Índice	Componentes	Período de Coleta	Divulgação[1]
IGP-DI	IPA-DI (60%) IPC-DI (30%) INCC-DI (10)	Primeiro ao último dia do mês de referência.	Até o dia 10 do mês subsequente ao de referência.
IGP-M	IPA-M (60%) IPC-M (30%) INCC-M (10%)	Do dia 21 do mês anterior ao dia 20 do mês de referência.	Primeira prévia: até o dia 10 do mês de referência. Segunda prévia: até o dia 20 do mês de referência. Índice Definitivo: até o dia 30 do mês de referência.
IGP-10	IPA-10 (60%) IPC-10 (30%) INCC-10 (10%)	Do dia 11 do mês anterior ao dia 10 do mês de referência.	Em torno do dia 15 do mês de referência.

[1] As datas de divulgação neste quadro devem ser tomadas apenas como referência indicativa. Para obter a data efetiva de publicação dos índices, consulte o calendário de divulgação, disponível no portal do IBRE (www.portalibre.fgv.br).

2.3.2 Importância

O Índice Geral de Preços (IGP), em suas diferentes versões, é um dos índices de preços mais importantes do Brasil, dado que sua abrangência é nacional e ele é apurado por uma instituição privada confiável, a FGV. Sua série histórica retroage ao fim dos anos 1940, tornando-o um dos índices mais antigos do Brasil.

Do ponto de vista dos diferentes IGPs, o mais conhecido atualmente é o IGP-M. Isso decorre do fato de que esse índice é utilizado no reajuste de diversas tarifas e contratos, como energia elétrica e aluguéis residenciais e comerciais. Os setores de saúde, seguros, educação e o mercado imobiliário também fazem uso desse índice.

O IGP-M também influencia o comportamento de alguns ativos financeiros, como as Letras de Crédito Imobiliário (LCI) e as Letras de Crédito do Agronegócio (LCA), com rentabilidade atrelada a esse índice, acrescida de juro real.

O IGP-DI é o índice de preços mais antigo calculado pela FGV. Ele é utilizado como referência em correções de preços e valores contratuais, mas seu uso perdeu espaço nas últimas décadas para o IGP-M. Esse índice é utilizado no cálculo do Produto Interno Bruto (PIB) e das contas nacionais.

O IGP-10, por sua vez, tem papel maior em sinalizar os economistas e o mercado financeiro acerca da trajetória da inflação. A característica única de sua periodicidade de coleta, do dia 11 do mês anterior ao dia 10 do mês de referência, indica a trajetória da inflação medida pelo IGP nesse período.

2.3.3 Como interpretar

O IBRE, da FGV, divulga os IGPs mensalmente de acordo com o calendário disponibilizado no portal da instituição. No dia da divulgação, um release é publicado no site, apontando os principais resultados do índice e os principais fatores que condicionaram seu comportamento ao longo do período. O IBRE segue a mesma estrutura no release nas diferentes versões do IGP.

Nesse comunicado, é informada a variação do índice no período, a variação observada no mês anterior, a inflação registrada no mesmo mês do ano anterior, sua variação acumulada no ano e o resultado acumulado em 12 meses. Esse tipo de divulgação se assemelha à realizada pelo IBGE no caso do IPCA (vide Quadro 2.1 da seção relativa ao IPCA) e permite analisar o comportamento do índice no curto prazo (variação mensal) e no médio prazo, por meio dos resultados das variações acumuladas no ano e em doze meses.

Conforme apontado anteriormente, o IGP é um índice composto por três outros índices, e o IBRE destaca no comunicado o comportamento de cada um deles no período. Esse tipo de abertura permite visualizar quais foram os fatores que condicionaram o resultado do IGP para o período considerado.

O IBRE também apresenta as variações porcentuais dos índices e de suas aberturas para o período considerado. No caso do IPA, são apresentadas as segmentações por estágios de produção, pela origem do produto e, ainda, séries especiais definidas pelo instituto. Para o IPC, o IBRE apresenta no comunicado a variação registrada nos oito grupos que compõem o índice. No INCC, são apresentadas as variações para o grupo máquinas, equipamentos e serviços, e grupo mão de obra.

As maiores contribuições positivas e negativas que influenciaram o IGP também são apresentadas no comunicado de divulgação do índice. Com isso, é possível inferir quais foram os principais fatores que condicionaram o comportamento de cada índice componente e do IGP como um todo.

Como se pode observar, o resultado do IGP não depende única e exclusivamente do resultado de um índice. Sua composição confere características peculiares a seu comportamento, tornando-o particularmente distinto dos demais índices de preços adotados na economia brasileira.

Sob essa perspectiva, merece destaque o fato de que grande parcela do IGP (um total de 60%) é dada pelo IPA. Esse índice é composto, em grande parte, por bens comercializáveis com o exterior, o que o torna sensível ao comportamento da taxa de câmbio e aos preços internacionais desses bens. Nesse sentido, é comum que, em momentos de fortes oscilações na taxa de câmbio (cotação do dólar) e/ou dos preços internacionais dos bens componentes do índice, o IPA registre variações acentuadas e distintas das verificadas nos IPCs. Isso também leva o IGP a apresentar variações significativas e distintas nesses períodos. Esse tipo de fenômeno pode gerar efeitos indesejados em termos de reajustes de contratos indexados a esse índice, devendo as partes estarem atentas para a possibilidade de ocorrência disso.

2.3.4 Detalhando o indicador

Conforme apontado anteriormente, o Índice Geral de Preços (IGP) é um índice composto por três outros índices: o IPA, com peso de 60%, o IPC, com peso de 30%, e o INCC, com peso de 10%.

Cada um desses índices possui uma estrutura de ponderação interna para os itens componentes. Essas estruturas variam significativamente de índice para índice dentro do próprio IGP e condicionam seu comportamento ao longo do tempo. Nesse sentido, vale a pena atentar para os detalhes da estrutura de cada índice que compõe o IGP.

Índice de Preços ao Produtor Amplo (IPA)

Os itens que compõem o IPA referem-se àqueles que são vendidos pelos produtores no mercado agropecuário e industrial. Esse tipo de venda ocorre no mercado atacadista (ao passo que as vendas para o consumidor final ocorrem no segmento varejista).

Do ponto de vista da estrutura da amostra de produtos, a seleção é realizada em duas etapas, sendo a primeira constituída pela escolha das classes de produtos a serem representadas e a segunda definida pelos produtos em cada uma dessas classes. O sistema utilizado é a Classificação Nacional de Atividades Econômicas (CNAE), na versão 2.0.

Na composição da parcela agropecuária do IPA, foram escolhidos produtos que pertencem a três classes de atividades: lavouras temporárias, lavouras permanentes e pecuária. No caso da indústria, a estrutura foi concebida com base na Pesquisa Industrial Anual (PIA) do IBGE e engloba as atividades de transformação e extrativa mineral.

Atualmente, os 343 produtos componentes da amostra estão distribuídos em uma estrutura ponderada. Os grupos de produtos agropecuários, indústria extrativa mineral e indústria de transformação são ponderados de acordo com as participações médias de cada atividade no valor adicionado bruto em três anos consecutivos. A partir disso, as ponderações dessas atividades são distribuídas segundo as classes e os produtos.

A estrutura de ponderação do IPA é construída em etapas, sendo a primeira delas referente à ponderação das séries de Produtos Agropecuários, Indústria Extrativa Mineral e Indústria de Transformação. A participação de cada série é construída a partir de sua participação média no Valor Adicionado Bruto, das contas nacionais, por três anos subsequentes. Sob essa lógica, a ponderação da série do IPA para Produtos Industriais é realizada mediante a soma das séries da Indústria Extrativa e da Indústria de Transformação.

A partir disso, as ponderações das atividades são distribuídas de acordo com as classes e produtos. Para a atividade agropecuária, as ponderações dos produtos são proporcionais à média dos valores de produção por três anos consecutivos na Pesquisa Agrícola Municipal (PAM) e Produção Pecuária Municipal (PPM), ambas do IBGE.

No caso da parcela referente à indústria do IPA pelo critério de origem (IPA-OG), a ponderação é realizada utilizando-se a média de três anos dos valores de vendas disponíveis na PIA, do IBGE.

Uma das formas do IPA ser apresentado pelo IBRE é de acordo com a origem de produção das mercadorias. Esse tipo de abertura permite visualizar o comportamento dos preços no mercado atacadista dos produtos agropecuários e industriais. O Quadro 2.7 apresenta a estrutura de ponderação do IPA de acordo com esse tipo de abertura.

Quadro 2.7 – Índice de Preços ao Produtor Amplo (IPA) – Ponderação Segundo a Origem

Classe de Atividade	Ponderação (%)
Produtos Agropecuários	28,6%
Produtos Industriais	71,4%
Indústria Extrativa	5,7%
Indústria de Transformação	65,7%
IPA	**100%**

Fonte: FGV IBRE.

Outra forma de o IPA ser apresentado pelo IBRE é pelo estágio de processamento do bem. Esse tipo de abertura permite visualizar o comportamento dos preços dos grupos bens finais, dos bens intermediários e das matérias-primas brutas, bem como dos subgrupos e bens associados. O Quadro 2.8 apresenta de forma sintética a estrutura de ponderação do IPA dos bens conforme o estágio de processamento.

Quadro 2.8 – Índice de Preços ao Produtor Amplo (IPA) – Ponderação Segundo o Estágio de Processamento

Estágio de Processamento	Ponderação (%)
Matérias-primas Brutas	30,7%
Bens Intermediários	33,3%
Bens Finais	36,0%
IPA	**100%**

Fonte: FGV IBRE.

A coleta dos preços do índice segue dois critérios operacionais: i) coleta mensal, geralmente referente a produtos industriais; e ii) coleta diária, usualmente associada a produtos agropecuários. No caso dos produtos industriais, os preços são obtidos diretamente das empresas informantes, mediante uma rede de coleta que inclui apenas os produtores. Para os produtos agropecuários, as cotações são levantadas de diferentes fontes, como centrais de abastecimento regionais, empresas estaduais de extensão rural (EMATER), cooperativas agropecuárias, bolsas de mercadorias etc. Para efeitos de cálculo do índice, são computadas três cotações ao longo da semana.

A sistemática de cálculo do IPA envolve uma gama de procedimentos que conjugam sistemas de pesos e preços na construção dos índices. O cálculo do IPA é realizado utilizando-se uma fórmula do tipo Laspeyres encadeada de base móvel.

Conforme destacado anteriormente, o IPA é composto, em grande medida, por bens comercializáveis com o exterior, o que torna seu comportamento sensível a oscilações na taxa de câmbio e na cotação dos preços internacionais desses itens.

Índice de Preços ao Consumidor (IPC)

O Índice de Preços ao Consumidor-Brasil (IPC-BR), registra as mudanças de preços de uma cesta fixa de bens e serviços que fazem parte das despesas habituais de famílias que têm renda mensal situada entre 1 e 33 salários mínimos.

A coleta de preços desse índice é realizada ao longo do mês, sendo que o corte temporal depende do índice em questão (1 a 30 para o IPC-DI, 21 a 20 para o IPC-M e 11 a 10 para o IPC-10).

O levantamento dos preços é realizado nas sete principais capitais do país: Belo Horizonte, Brasília, Porto Alegre, Recife, Rio de Janeiro, Salvador e São Paulo. O Quadro 2.9 apresenta a estrutura de pesos regionais dos municípios que fazem parte do levantamento para efeito de cálculo do IPC-BR. A ponderação é definida de acordo com a renda da população que reside nesses municípios relativamente ao rendimento total do conjunto dos municípios.

A amostra do IPC encontra-se dividida em oito grupos ou classes de despesas: i) Alimentação; ii) Habitação; iii) Vestuário; iv) Saúde e Cuidados Pessoais; v) Educação, Leitura e Recreação; vi) Transportes; vii) Despesas Diversas; e viii) Comunicação. A partir dos grupos gerais, o IPC-BR é subdividido em 26 subgrupos, 78 itens e 310 subitens. A ponderação dos grupos que compõem o índice é apresentada no Quadro 2.10.

Quadro 2.9 – Índice de Preços ao Consumidor (IPC) – Ponderações Regionais

Municípios	Ponderação (%)
Belo Horizonte	10,48%
Brasília	9,42%
Porto Alegre	18,91%
Recife	6,83%
Rio de Janeiro	11,42%
Salvador	10,03%
São Paulo	32,91%
TOTAL	**100%**

Fonte: FGV IBRE.

Quadro 2.10 – Índice de Preços ao Consumidor (IPC) – Ponderação dos Grupos

Grupos	Ponderação (%)
Alimentação	18,55%
Habitação	22,54%
Vestuário	4,46%
Saúde e Cuidados Pessoais	15,36%
Educação, Leitura e Recreação	9,39%
Transportes	19,57%
Despesas Diversas	5,31%
Comunicação	4,82%
TOTAL	**100%**

Fonte: FGV IBRE.

A cesta mais recente dos bens e serviços que fazem parte do IPC-BR, bem como os pesos de cada item, foi definida com base na Pesquisa de Orçamentos Familiares (POF) realizada pelo IBGE entre os anos de 2017 e 2018.

A pesquisa de preços em si é realizada pela FGV em segmentos. No primeiro, realiza-se o levantamento dos preços de gêneros alimentícios, material de limpeza, artigos de higiene e de cuidados, além de serviços pessoais. Essa pesquisa é realizada por donas de casa treinadas pela instituição para realizar essa tarefa na condição de prestadoras autônomas. Ela é realizada a cada dez dias, nos mesmos estabelecimentos e utilizando a mesma lista de itens, seguindo o calendário definido previamente.

Em um segundo segmento, são pesquisados os itens que não foram incorporados no primeiro segmento. Esse trabalho é realizado pelos funcionários do IBRE mensalmente nos estabelecimentos que informam os preços. Essa etapa acontece de maneira uniforme ao longo do mês, sendo 1/3 das informações coletadas a cada dez dias.

Note-se que a seleção dos estabelecimentos e dos itens é definida com base nas informações da POF. Porém, se ocorrerem mudanças nas especificações dos produtos e isso for captado pelo sistema de coleta de preços, a FGV atualiza os informantes e os produtos.

A coleta dos preços é realizada pela instituição observando-se os preços à vista, sendo consideradas as ofertas e promoções que ocorrem no comércio.

Alguns itens, devido às suas especificidades, recebem tratamento especial antes de serem incorporados no cálculo do índice. Recaem nessa categoria:

- As tarifas públicas, cujo reajuste obedece ao regime de competência, sendo a tarifa mensal um resultado da média aritmética ponderada das tarifas diárias em vigor.
- Os tributos, como o IPVA, têm o cálculo feito com base na média geométrica das variações anuais do tributo, seguindo as especificidades do veículo e de acordo com as tabelas fornecidas pelo departamento de trânsito.
- Os bens e serviços especiais: i) aluguel residencial e passagens aéreas, com o cálculo realizado via Web Scraping; ii) empregados domésticos, com informações de salários obtidas nas agências e residências locais; e iii) condomínio residencial, cujo cálculo é composto por um painel contendo as principais contas condominiais.

O cálculo do índice é realizado utilizando uma fórmula do tipo Laspeyres, considerando peso fixo para os municípios que fazem parte do índice.

O IPC-BR, por conter uma parcela considerável de itens não comercializáveis com o exterior, como serviços em geral, aluguéis etc., tende a ser menos sensível que o IPA a oscilações na taxa de câmbio e variações dos preços internacionais de commodities.

Índice Nacional de Custos da Construção (INCC)

O Índice Nacional de Custos da Construção (INCC) tem como objetivo mensurar o comportamento dos custos das construções habitacionais.

A abrangência geográfica é a mesma do IPC-BR, e as ponderações municipais são apresentadas no Quadro 2.11. O índice nacional é obtido pela média aritmética ponderada dos sete índices municipais. O cálculo do índice, em termos regionais, é realizado conjugando um sistema de pesos a um sistema de preços relativos a uma amostra de insumos que tenham representatividade na construção civil. Esses insumos incluem mercadorias, equipamentos, serviços e mão de obra. A pesquisa mensal dos preços dos itens que fazem parte do índice é realizada ao longo do mês (1 a 30).

Quadro 2.11 – Índice Nacional de Custos da Construção (INCC) – Ponderações Regionais

Municípios	Ponderação (%)
Belo Horizonte	16,16%
Brasília	2,87%
Porto Alegre	10,54%
Recife	3,81%
Rio de Janeiro	14,27%
Salvador	7,84%
São Paulo	44,51%
TOTAL	**100%**

Fonte: FGV IBRE.

A definição dos pesos pela FGV levou em conta a distribuição regional da construção residencial urbana, estimada anualmente, considerando as estatísticas de licenças de "habite-se" (área edificada), estruturadas pelas Secretarias Municipais de Obras. Adicionalmente, na definição dos pesos, foi considerado o detalhamento de itens de custo, em âmbito regional, e suas respectivas participações nos custos atualizados segundo o tipo da obra.

A versão atual do INCC incorpora 52 subitens, sendo que 11 subitens detalham as atividades da mão de obra no setor.

Os preços e salários pesquisados mensalmente são obtidos diretamente de fabricantes, atacadistas, construtoras e prestadores de serviços. No caso dos materiais de construção, a FGV considera os valores de venda à vista, deduzindo eventuais descontos e incluindo impostos incidentes e fretes. Na totalidade, são obtidas cerca de 7.300 informações originárias de, aproximadamente, 1.200 informantes.

O INCC é apresentado de forma geral, que inclui todos os itens componentes da amostra, e pode ser segmentado em dois subprodutos, denominados como índice de mão de obra e índice de materiais, equipamentos e serviços. A ponderação desses subgrupos é apresentada no Quadro 2.12.

Quadro 2.12 – Índice Nacional de Custos da Construção (INCC) – Ponderação dos Subgrupos

Subgrupo	Ponderação (%)
Materiais, Equipamentos e Serviços	60,58%
Mão de Obra	39,42%
TOTAL	**100%**

Fonte: FGV IBRE.

O INCC tende a apresentar alguma sensibilidade em relação a variações na taxa de câmbio e nos preços internacionais de commodities. Isso decorre do fato de que parte considerável do índice é representada por materiais de construção, cujos preços tendem a ser sensíveis a mudanças nessas variáveis. Essa sensibilidade, no entanto, é menor que a exibida pelo IPA, uma vez que uma boa parte da ponderação desse índice refere-se a serviços e mão de obra, que não são sensíveis a oscilações cambiais ou de preços internacionais.

2.4 ÍNDICE DE PREÇOS AO CONSUMIDOR-FIPE (IPC-FIPE)

Impacto: ★

Onde Obter: www.fipe.org.br

Divulgação: semanal, com calendário divulgado no site da instituição.

2.4.1 Descrição

O Índice de Preços ao Consumidor da Fundação Instituto de Pesquisas Econômicas (IPC-FIPE), da Universidade de São Paulo (USP), mede a inflação de uma cesta representativa de bens e serviços de consumidores cuja faixa de renda familiar se situa entre 1 e 10 salários mínimos no município de São Paulo.

O índice é divulgado semanalmente e seu cálculo incorpora um período de oito semanas, no qual as variações são obtidas a partir da divisão dos preços médios das quatro semanas de referência em relação aos preços médios das quatro semanas anteriores. Dessa forma, o índice é calculado como uma média móvel ao longo do tempo, com a semana mais recente da coleta sendo incorporada ao cálculo das quatro semanas de referência e a semana mais antiga sendo automaticamente eliminada da base das quatro semanas anteriores.

O IPC-FIPE, por conta disso, é considerado um índice quadrissemanal e o mês é segmentado pela instituição em quatro semanas, com o período de coleta de cada uma delas variando entre 7 e 8 dias. O cálculo da última quadrissemana de cada mês gera a inflação mensal apurada pelo índice.

A Pesquisa de Orçamentos Familiares (POF) que serve como base para o cálculo do IPC-FIPE é referente ao período de 2011–2013. A amostra é composta por mais de 400 itens divididos em sete grupos: habitação, alimentação, transportes, despesas pessoais, saúde, vestuário e educação.

2.4.2 Importância

O IPC-FIPE é um dos índices mais antigos do Brasil, sendo um dos que melhor refletem o comportamento da evolução dos preços ao consumidor na cidade de São Paulo.

Embora o índice não tenha uma abrangência geográfica tão ampla como o IPCA, calculado pelo IBGE, ou o IPC-BR, medido pela FGV, ele tem uma importância significativa para acompanhar a inflação na cidade de maior relevância econômica no país, que tem peso considerável no PIB brasileiro e expressiva participação regional nos demais índices.

A frequência semanal de divulgação torna o IPC-FIPE um índice interessante para acompanhamento do que está acontecendo com a evolução dos preços na margem. Por conta disso, o mercado financeiro e os economistas dão considerável importância no acompanhamento desse índice.

2.4.3 Como interpretar

A FIPE divulga em seu site o resultado da variação quadrissemanal do índice, apresentando a abertura das variações dos preços de cada grupo e do índice geral. Além disso, a instituição mostra como foi a contribuição de cada grupo para a inflação geral.

Via de regra, apesar de ser um índice restrito ao município de São Paulo, ele permite acompanhar a evolução de curto prazo nos preços ao consumidor em uma região que tem um peso econômico considerável no país.

2.4.4 Detalhando o indicador

O IPC-FIPE apresenta uma estrutura composta por sete grandes grupos, nos quais os itens são distribuídos. A POF utilizada na estrutura de ponderação do índice é relativa à pesquisa do período 2011–2013. A ponderação atual de cada grupo no índice é apresentada no Quadro 2.13.

Quadro 2.13 – IPC-FIPE – Ponderação (%)

Grupos	Ponderação (%)
Habitação	31,13%
Alimentação	24,55%
Transportes	14,72%
Despesas Pessoais	13,64%
Saúde	6,09%
Vestuário	6,62%
Educação	3,25%
Geral	**100%**

Fonte: FGV IBRE.

O cálculo do IPC-FIPE utiliza, desde 1984, a média geométrica dos relativos de preços para dois períodos, ponderada pela participação de cada item no consumo total. Essa metodologia é relativamente diferente da utilizada no cálculo do IPCA e do IPC-BR, que são índices do tipo Laspeyres.

Historicamente, o IPC-FIPE tende a registrar variações inferiores às verificadas no IPCA, do IBGE, e no IPC-BR, da FGV. Isso pode ser decorrência não apenas da base amostral, mas também do fato de que a metodologia de média geométrica utilizada pela FIPE tende a apresentar resultados menores que os verificados pela metodologia empregada pelo IBGE e FGV. O Quadro 4.1 ilustra esse fenômeno em um espectro de longo prazo.

Tabela 4.1 – Quadro Comparativo da Inflação Acumulada – Variação (%) no Ano

	IPC-FIPE	IPCA	IPC-BR
2000	4,38	5,97	6,21
2001	7,13	7,67	7,94
2002	9,92	12,53	12,18
2003	8,17	9,30	8,93
2004	6,57	7,60	6,27
2005	4,53	5,69	4,93
2006	2,54	3,14	2,05
2007	4,38	4,46	4,60
2008	6,16	5,90	6,07
2009	3,65	4,31	3,95
2010	6,40	5,91	6,24
2011	5,81	6,50	6,36
2012	5,10	5,84	5,74
2013	3,88	5,91	5,63
2014	5,20	6,41	6,87
2015	11,07	10,67	10,53
2016	6,54	6,29	6,18
2017	2,27	2,95	3,23
2018	3,02	3,75	4,32
2019	4,40	4,31	4,11
2020	5,62	4,52	5,17
Acum.	210,01	250,05	243,17

Fonte: IPEADATA – Elaboração Própria.

2.5 ÍNDICE DE PREÇOS AO CONSUMIDOR SEMANAL (IPC-S)

Impacto: ★

Onde Obter: www.portalibre.fgv.br

Divulgação: semanal, com calendário divulgado no site da instituição.

2.5.1 Descrição

O Índice de Preços ao Consumidor Semanal (IPC-S) é calculado pelo Instituto Brasileiro de Economia (IBRE) da Fundação Getulio Vargas (FGV). Esse índice faz parte do sistema de índices de preços ao consumidor da instituição, que inclui o IPC-DI, IPC-M, IPC-10, IPC-3i e IPC-C1.

Os itens que compõem esse índice têm coleta semanal, e o cálculo das taxas de variação considera a média dos preços coletados nas últimas quatro semanas até a data do fechamento (quadrissemanal).

Um ponto interessante desse índice é que apenas um dia separa o fim da coleta e sua divulgação, sendo um dos mais curtos intervalos de tempo (mesmo para padrões internacionais).

2.5.2 Importância

O IPC-S, por ser um índice de divulgação semanal, permite acompanhar alterações na trajetória da evolução dos preços com maior agilidade que os índices mensais.

Nesse sentido, por incorporar o acompanhamento dos preços em várias regiões, o IPC-S permite uma avaliação de curto prazo do comportamento dos preços ao consumidor.

2.5.3 Como interpretar

O IBRE realiza duas divulgações do IPC-S em seu site por meio de press-releases com o intervalo de um dia. No primeiro dia, a instituição divulga o índice e a variação das oito classes de despesas componentes. Esse tipo de abertura permite acompanhar a evolução na margem dos preços que compõem cada uma das classes.

No dia seguinte, o IBRE divulga, mediante outro press-release em seu site, a abertura do IPC-S em termos regionais, considerando as sete capitais onde os preços são coletados.

O IPC-S se assemelha, em certo sentido, ao IPC-FIPE por ser um índice de divulgação semanal. No entanto, ele é mais abrangente que o índice da FIPE, uma vez que incorpora uma abrangência geográfica mais ampla.

2.5.4 Detalhando o indicador

O IPC-S faz parte da família de IPCs da FGV e foi criado no início dos anos 2000 a partir da Pesquisa de Orçamentos Familiares (POF) realizada em 2002/2003. Essa pesquisa, realizada de tempos em tempos pelas instituições, tem como foco atualizar a cesta de bens e serviços na qual os consumidores alocam seu orçamento. Naquela revisão, a FGV reduziu sua abrangência geográfica de 12 para 7 cidades, o que permitiu maior agilidade na coleta e na apuração do IPC. Isso possibilitou que o índice pudesse ser divulgado em bases semanais.

Atualmente, o IPC-S utiliza como base de ponderação dos itens que fazem parte da cesta (que são 310 ao todo) a POF realizada entre 2017/2018 e foi incorporada no cálculo do índice a partir de janeiro de 2020.

A estrutura de ponderação do IPC-S segue os mesmos parâmetros de ponderação regional e dos itens da cesta dos demais IPCs da FGV (vide seção relativa aos IGPs).

2.6 DEMAIS ÍNDICES DE INFLAÇÃO

Nesta seção, são apresentados outros índices de preços elaborados pelas instituições de pesquisa. Embora esses índices tenham sua relevância, eles são orientados para o acompanhamento de preços de escopo mais restrito, tendo seu uso focado para usos mais específicos. Dessa forma, os índices são apresentados de forma sintética nesta seção.

2.6.1 Índice de Preços ao Produtor – Indústrias Extrativas e de Transformação (IPP)

Onde encontrar: www.ibge.gov.br

Periodicidade: mensal

2.6.1.1 Descrição

O Índice de Preços ao Produtor (IPP) é calculado mensalmente pelo IBGE e tem como foco acompanhar a evolução dos preços de venda recebidos pelos produtores de bens e serviços domésticos nas indústrias extrativas mineral e de transformação. Sob essa perspectiva, o foco desse índice é distinto daquele voltado para o acompanhamento dos preços ao consumidor, no qual o levantamento é realizado no varejo.

O IPP acompanha os preços recebidos pelo produtor isentos de impostos, tarifas e fretes em pouco mais de 2.100 empresas, de acordo com as práticas comerciais típicas. Os produtos que compõem a amostra do índice são especificados em detalhe, o que garante homogeneidade na comparação dos preços ao longo do tempo. O IBGE coleta cerca de 6 mil preços mensalmente na construção desse índice.

Em termos de categorização dos itens, o IPP adota a Classificação Nacional de Atividades Econômicas (CNAE 2.0), gerando indicadores para 24 atividades das indústrias extrativas e de transformação. Adicionalmente, o IBGE também reorganiza os dados, classificando-os de acordo com as grandes categorias econômicas: bens de capital, bens intermediários e bens de consumo (duráveis, semiduráveis e não duráveis).

2.6.2 Pesquisa Nacional da Cesta Básica Nacional de Alimentos (PNCBA)

Onde encontrar: www.dieese.org.br

Periodicidade: mensal

2.6.2.1 Descrição

A Pesquisa Nacional da Cesta Básica de Alimentos (PNCBA) tem como foco o levantamento dos preços de um conjunto de produtos alimentícios essenciais. Essa pesquisa foi implementada em São Paulo em 1959 e ampliada para outras capitais ao longo do tempo. Atualmente, o levantamento é realizado em 17 unidades da federação.

O Decreto-Lei n° 399, de 30 de abril de 1938, que estabeleceu a regulamentação do salário mínimo e que está em vigor até hoje, definiu os itens básicos que são pesquisados. Esse decreto estabeleceu que a cesta de alimentos fosse formada por 13 produtos em quantidade suficiente para assegurar o sustento de um trabalhador adulto durante um mês. Os produtos e as quantidades estabelecidas regionalmente foram diferenciados, seguindo os hábitos alimentares de cada localidade.

A base de dados da PNCBA, além de incluir os preços médios dos itens, apresenta o valor do conjunto dos produtos e a jornada de trabalho requerida que um trabalhador precisa cumprir para comprar a cesta em cada região.

2.6.3 Índice de Preços ao Consumidor da 3ª idade (IPC-3i)

Onde encontrar: www.portalibre.fgv.br

Periodicidade: mensal, com divulgação trimestral.

2.6.3.1 Descrição

O Índice de Preços ao Consumidor da 3ª Idade (IPC-3i) é um índice calculado pelo Instituto Brasileiro de Economia (IBRE) da Fundação Getulio Vargas (FGV) e foi criado em 2003 (sua série histórica retroage a julho de 1994).

O IPC-3i é uma versão do IPC calculado pelo IBRE cujo desenvolvimento teve por base a Pesquisa de Orçamentos Familiares (POF) realizada pela instituição entre 2002 e 2003. Na construção desse índice, foram considerados os orçamentos de famílias preponderantemente constituídas por indivíduos com idade superior a 60 anos.

O índice possui a mesma estrutura de grupos do IPC da FGV (alimentação; habitação; vestuário; saúde e cuidados pessoais; educação; leitura e recreação; transportes; e despesas diversas) e a mesma abrangência geográfica (São Paulo, Rio de Janeiro, Belo Horizonte, Salvador, Recife, Porto Alegre e Brasília).

Esse é um índice que deve ganhar importância cada vez maior, uma vez que mede o comportamento dos preços de bens e serviços que afeta uma parcela crescente da população brasileira. Adicionalmente, o IPC-3i é utilizado como referência no contexto da implementação de políticas públicas nas áreas de saúde e previdência.

2.6.4 Índice de Preços ao Consumidor para famílias com renda entre 1 e 2,5 salários mínimos mensais (IPC-Classe 1 ou IPC-C1)

Onde encontrar: www.portalibre.fgv.br

Periodicidade: mensal.

2.6.4.1 Descrição

O Índice de Preços ao Consumidor Semanal para famílias com renda entre 1 e 2,5 salários mínimos mensais (IPC-Classe 1 ou IPC-C1) é um índice calculado e divulgado mensalmente pelo Instituto Brasileiro de Economia (IBRE) da Fundação Getulio Vargas (FGV) que tem como foco medir a evolução dos preços de bens e serviços que compõem uma cesta de consumo de famílias com renda mensal entre 1 e 2,5 salários mínimos. A construção do índice tem como base os dados da Pesquisa de Orçamento Familiar (POF) realizada pela instituição entre 2002 e 2003, e a primeira observação desse índice retroage a 2004.

Em termos de estrutura, o índice segue o mesmo padrão do IPC, calculado pela instituição, segmentado em oito grandes grupos (alimentação; habitação; vestuário; saúde e cuidados pessoais; educação; leitura e recreação; transportes; e despesas diversas). A abrangência geográfica, no entanto, é limitada a quatro capitais: Rio de Janeiro, São Paulo, Recife e Salvador.

Esse índice tem como principal finalidade o acompanhamento da inflação das famílias de renda mais baixa, que tendem a alocar uma parcela maior de seu orçamento em alimentos.

2.7 REFERÊNCIAS

BANCO CENTRAL DO BRASIL – BCB (2004). IPCA, IPC-FIPE E IPC-BR: Diferenças Metodológicas e Empíricas. Relatório de Inflação, v. 6, n. 2. Brasília, DF.

BANCO CENTRAL DO BRASIL – BCB (2016). Índices de Preços no Brasil. Série Perguntas Mais Frequentes, v. 2. Brasília, DF.

BRAZ, ANDRÉ (2018). Índice de Preços ao Consumidor. 7º Seminário de Metodologia do IBGE, Rio de Janeiro, RJ. Disponível em: <https://eventos.ibge.gov.br/downloads/smi2018/apresentacoespdf/ST7%20-%20Andr%C3%A9%20Braz.pdf>. Acesso em: 11 jul. 2023.

DEPARTAMENTO INTERSINDICAL DE ESTATÍSTICA E ESTUDOS SOCIOECONÔMICOS – DIEESE (2016). Metodologia da Pesquisa Nacional da Cesta Básica de Alimentos (PNCBA), São Paulo, SP.

FUNDAÇÃO GETULIO VARGAS – FGV (2021). Índice Geral de Preços – Disponibilidade Interna (IGP-DI) – Metodologia. Rio de Janeiro, RJ.

FUNDAÇÃO GETULIO VARGAS – FGV (2021). Índice Geral de Preços – Mercado (IGP-M) – Metodologia. Rio de Janeiro, RJ.

FUNDAÇÃO GETULIO VARGAS – FGV (2009). Índice de Preços ao Consumidor da Terceira Idade (IPC-3i) – Metodologia. Rio de Janeiro, RJ.

FUNDAÇÃO GETULIO VARGAS – FGV (2009). Índice de Preços ao Consumidor – Semanal (IPC-S) – Metodologia. Rio de Janeiro, RJ.

FUNDAÇÃO INSTITUTO DE PESQUISAS ECONÔMICAS – FIPE. POF – Pesquisa de Orçamentos Familiares, São Paulo, SP. Disponível em: <https://www.fipe.org.br/pt-br/indices/pof/#pof---2011-2013>. Acesso em: 11 jul. 2023.

INSTITUTO BRASILEIRO DE GEOGRAFIA E ESTATÍSTICA – IBGE (2020). Sistema Nacional de Índices de Preços ao Consumidor – Estruturas de Ponderação a partir da Pesquisa de Orçamentos Familiares 2017–2018. Série Relatórios Metodológicos, v. 46. Rio de Janeiro, RJ.

INSTITUTO BRASILEIRO DE GEOGRAFIA E ESTATÍSTICA – IBGE (2020). Sistema Nacional de Índices de Preços ao Consumidor – Métodos de Cálculo. Série Relatórios Metodológicos, v. 14, 8. ed. Rio de Janeiro, RJ.

INSTITUTO BRASILEIRO DE GEOGRAFIA E ESTATÍSTICA – IBGE (2023). Índice de Preços ao Produtor (IPP) – Metodologia. Rio de Janeiro, RJ. Disponível em: <https://metadados.ibge.gov.br/consulta/estatisticos/operacoes-estatisticas/IR>. Acesso em: 11 jul. 2023.

CAPÍTULO 3

ATIVIDADE ECONÔMICA

3.1 INTRODUÇÃO

A atividade econômica diz respeito ao nível de produção, emprego e geração de renda em uma economia. Um aumento do ritmo da atividade econômica significa que essas variáveis estão crescendo. Inversamente, uma desaceleração no ritmo de crescimento da atividade significa que a produção, a renda e o emprego estão aumentando a uma velocidade menor. O grau de desaquecimento relativo do nível da atividade, se for muito profundo, pode refletir uma recessão, na qual a produção e a renda estão em queda e o desemprego aumentando.

O monitoramento da atividade também é importante não apenas como forma de monitoramento do crescimento de uma economia, mas também por conta de suas conexões com a inflação.

Se uma economia está muito aquecida, surgem pressões por aumento de preços por conta da demanda elevada. Ao mesmo tempo, em um contexto de desemprego baixo, as pressões por aumentos salariais se farão mais presentes, o que se refletirá em elevações dos custos das empresas que serão repassados para os preços dos bens e serviços. Dessa forma, em um quadro de elevado aquecimento econômico, a tendência é que a inflação acelere.

De maneira inversa, em um ambiente com ritmo lento da atividade, as pressões de preços decorrentes da demanda se tornam menos presentes. O mesmo ocorre do lado das pressões por aumentos de salários, que diminuem em um quadro de desemprego elevado. Nesse ambiente, a tendência da inflação é de queda.

No que se refere ao monitoramento da atividade econômica, a última palavra é dada pelo resultado do PIB. Essa variável, em última instância, incorpora o conjunto de bens e serviços produzidos na economia em um determinado período.

Contudo, apesar dessa métrica ser abrangente e refletir da maneira mais fiel o que está ocorrendo na economia em termos de atividade, do ponto de vista prático ela enfrenta algumas limitações: é uma medida trimestral (ou seja, de baixa frequência) divulgada cerca de dois meses após o encerramento do trimestre e sujeita a revisões.

Por conta disso, o monitoramento da atividade econômica brasileira (e em outros países) não se restringe apenas à análise do comportamento do PIB. Outros indicadores são utilizados nesse acompanhamento e envolvem aspectos relacionados à produção, vendas, emprego, crédito etc.

Neste capítulo apresentamos os principais indicadores da atividade econômica brasileira, cujo impacto é relevante do ponto de vista do mercado financeiro, das empresas não financeiras e do governo.

3.2 PRODUTO INTERNO BRUTO (PIB TRIMESTRAL)

Impacto: ★★★

Onde Obter: www.ibge.gov.br

Divulgação: Em geral, cerca de 60 dias após o encerramento do trimestre de referência, às 9h na data definida pelo IBGE (vide calendário no site da instituição para detalhamento de datas).

3.2.1 Descrição

O Produto Interno Bruto (PIB) representa o valor total de bens e serviços finais produzidos em uma economia em um determinado período. Do ponto de vista contábil, essa medida equivale tanto à renda total quanto à demanda global de bens e serviços finais gerada nessa economia, nesse intervalo. Isso significa que, se o PIB de um país está crescendo ao longo do tempo, a renda (e a demanda) nessa economia também estão aumentando.

Em termos temporais, a medida do PIB pode ser anual, o que permite visualizar como uma economia está desempenhando ano a ano.

Sob esse aspecto, embora a medida anual do PIB seja relevante para mensurar o desempenho econômico de um país ao longo do tempo, ela não permite visualizar o comportamento dessa economia no curto prazo. Por conta disso, a medida em horizontes temporais mais curtos se torna mais interessante para acompanhar a evolução do ciclo econômico.

No caso brasileiro, o IBGE desenvolveu e aperfeiçoou ao longo das últimas décadas a sistemática de acompanhamento do PIB trimestral, por meio do Sistema de Contas Nacionais Trimestrais (SCNT), que é totalmente compatível com a nova série anual.

Trimestralmente, o IBGE divulga o PIB brasileiro em termos de variações de volume (quantidade) e de valores correntes. Isso permite estabelecer uma visão geral de curto prazo acerca da atividade econômica brasileira e de como ela está evoluindo em diferentes dimensões. Essa tem se tornado uma importante peça de informação para a tomada de decisão de política econômica ao longo do tempo.

A divulgação do PIB trimestral tem a abertura para o valor adicionado a preços básicos de doze atividades e para os agregados setoriais (agropecuária, indústria e serviços), dos impostos sobre produtos e das componentes da demanda agregada. Isso permite visualizar o comportamento trimestral de cada uma dessas componentes ao longo do tempo.

Em última instância, embora existam outros indicadores de atividade econômica importantes em nossa economia, o PIB trimestral é a variável definitiva da economia brasileira que indica se a economia está crescendo ou não.

3.2.2 Importância

Embora seja um indicador de baixa frequência (divulgado apenas quatro vezes no ano) e com divulgação defasada em cerca de 60 dias após o encerramento do trimestre, o PIB trimestral pode ser considerado o mais importante indicador da atividade econômica brasileira. Ele representa uma medida ampla do comportamento do produto (e da renda) de nossa economia no curto prazo, e seu desempenho permite acompanhar de perto o ciclo econômico.

Por conta disso, a divulgação desse indicador é acompanhada de perto por economistas e pela mídia em geral. Em situações em que o resultado do PIB trimestral se mostra muito diferente daquele projetado por economistas, os preços dos ativos financeiros negociados no mercado (juros futuros, bolsa de valores e câmbio) tendem a ser afetados.

O governo e o Banco Central também dão grande importância ao PIB trimestral e ele tem peso considerável nas decisões de política econômica. Um crescimento acima do esperado ou uma queda acima da projetada têm peso sobre a decisão acerca da taxa de juros no Comitê de Política Monetária (Copom) do Banco Central.

Investidores internacionais também acompanham esse indicador e o utilizam na comparação com o desempenho das demais economias (emergentes e desenvolvidas). Essa é uma peça de informação utilizada no processo de alocação do portfólio internacional de ativos desses investidores.

É importante destacar que a série histórica do PIB trimestral brasileiro remonta a meados dos anos 1990, o que lhe confere um número expressivo de observações e maior robustez. Com isso, o uso dessa série em estudos estatísticos e econométricos para fins de análise de efeitos de política econômica tem sido crescente ao longo dos últimos anos.

3.2.3 Como interpretar

O PIB trimestral é divulgado mediante um press-release na data definida de sua publicação no site do IBGE. Nesse comunicado inicial, o IBGE apresenta quatro formas consagradas de observar o comportamento do PIB trimestral de referência em termos de volume em relação a períodos anteriores:

i. **Variação do PIB Acumulado do Ano em Relação ao Mesmo Período do Ano Anterior**: esse tipo de comparação visa analisar como o PIB está se comportando em relação ao ano anterior. Isso permite, por exemplo, comparar o desempenho econômico do primeiro semestre do ano em relação ao mesmo período do ano anterior.

ii. **Variação do PIB Acumulado dos Últimos Quatro Trimestres em Relação aos Quatro Trimestres Imediatamente Anteriores:** essa comparação permite visualizar como o PIB está evoluindo ao longo do tempo no horizonte dos últimos doze meses comparado com aquele dos doze meses imediatamente anteriores. Por exemplo, se estivermos fazendo referência à divulgação do PIB do terceiro trimestre de um determinado ano (2024, por exemplo), essa medida incorporará o PIB do primeiro ao terceiro trimestre desse ano mais o do quarto trimestre de 2023 e este será comparado com a soma do PIB do primeiro ao terceiro trimestre de 2023 mais o PIB do quarto trimestre de 2022. Note-se que, no último trimestre de cada ano, essa métrica coincidirá com a variação do PIB acumulada ao longo do ano, apontada no item anterior.

iii. **Variação do PIB em Relação ao Mesmo Trimestre do Ano Anterior:** esse tipo de comparação permite visualizar o nível do produto no trimestre em relação ao verificado no mesmo período do ano anterior. Ao contrário das medidas anteriores, esta métrica tende a capturar variações em um nível de curto prazo. Dessa forma, é possível comparar, por exemplo, a variação do PIB do primeiro trimestre de 2025 em relação ao verificado no mesmo período de 2024.

iv. **Variação Sazonalmente Ajustada do PIB Trimestral em Relação ao Trimestre Imediatamente Anterior:** a atividade econômica de vários setores está sujeita à sazonalidade que ocorre todos os anos ao longo do ciclo de produção e venda. A atividade do setor agropecuário é influenciada pela safra agrícola e, no momento em que ela ocorre, a produção do setor registra elevação expressiva e depois decai (isso ocorre todos os anos). O mesmo acontece com o comércio varejista no Natal, quando há o pico das vendas de fim de ano. Em diversos outros setores de nossa economia, ocorrem sazonalidades típicas que influenciam sua atividade durante o ano e que são recorrentes. Esse tipo de fenômeno inviabiliza uma comparação direta do resultado do PIB de um trimestre com o registrado no imediatamente anterior, uma vez que ele estaria contaminado pela sazonalidade. Esse tipo de comparação só se torna possível por meio de um tratamento estatístico na série, conhecido como dessazonalização. O IBGE realiza esse procedimento no caso do PIB trimestral brasileiro e isso permite tal tipo de análise. Assim, é possível comparar, por exemplo, a variação do PIB apurado no primeiro trimestre de 2024 em relação ao verificado no último trimestre de 2023.

Do ponto de vista prático, todas as métricas apresentadas são relevantes como insumo de informação para sinalizar a trajetória do PIB brasileiro. As variações acumuladas, nos itens i) e ii), tendem a representar medidas de prazo mais longo, uma vez que carregam mais de um trimestre em sua base de cálculo. A medida do item iii), conforme já apontado, tende a ser uma medida de nível do PIB, refletindo uma comparabilidade trimestral de curto prazo.

A variação do PIB apresentada no item iv) ganhou maior destaque no decorrer dos últimos anos. Isso se deve ao fato de que ela registra as variações do produto brasileiro na margem, ou seja, no trimestre mais contemporâneo. Em última instância, ela sinaliza a trajetória do PIB brasileiro. Por conta disso, o governo, economistas e a mídia em geral acompanham de perto esse resultado.

3.2.4 Detalhando o indicador

O atual Sistema de Contas Nacionais Trimestrais (SCNT) passou por uma reformulação no início dos anos 2000, que teve como objetivo adaptar sua metodologia à adotada no Sistema de Contas Nacionais (SCN) anual. Ao longo das últimas décadas, vários aspectos metodológicos foram revistos e atualizados. Atualmente, a série atual do PIB trimestral é inteiramente compatível com a série anual. Além de incorporar as recomendações e alterações constantes no manual internacional de contas nacionais, o *System of National Accounts*, de 2008, a série trimestral se adequou à Classificação Nacional de Atividade Econômica 2.0 (CNAE 2.0).

Embora o cálculo do PIB anual e do trimestral sejam compatíveis, o primeiro apresenta um grau de desagregação maior, com 128 produtos e 68 atividades. No caso do PIB trimestral, a desagregação apresentada pelo IBGE resume-se, do lado da produção, a 12 atividades e aos setores da Agropecuária, Indústria e Serviços. Os Impostos sobre Produtos e o PIB a preços de mercado também são informados pela instituição trimestralmente. Por fim, o IBGE também apresenta a segmentação pela ótica da demanda agregada. O Quadro 3.1 apresenta essa segmentação.

Sob essa perspectiva, fica claro que os dados trimestrais do PIB procuram refletir um quadro conjuntural da economia brasileira (e cumprem bem esse papel). Os dados anuais, por sua vez, permitem uma visão mais completa e detalhada de nossa economia, tendo um foco para uma análise estrutural.

Por fim, conforme já mencionado anteriormente, o PIB trimestral, por ser um indicador de atividade econômica, está sujeito à sazonalidade que afeta a produção de vários setores. A forma de lidar com essa questão e de tornar a série comparável período a período é realizada por meio de um procedimento estatístico conhecido como dessazonalização. Para as séries com ajuste sazonal, o IBGE utiliza o método X13-ARIMA-SEATS, que é um programa de ajustamento sazonal do *U.S. Census Bureau* dos Estados Unidos (encontra-se disponível em www.census.gov).

Quadro 3.1 – PIB Trimestral – Atividades e Setores

Ótica da Produção
Agropecuária
Indústria
Extrativa Mineral
Transformação
Construção
Produção e Distribuição de Eletricidade, Gás e Água
Serviços
Comércio
Transporte, Armazenagem e Correio
Serviços de Informação
Intermediação Financeira, Seguros e Previdência Complementar
Outros Serviços
Atividades Imobiliárias e Aluguel
Administração, Saúde e Educação Públicas
Valor Adicionado a Preços Básicos
Imposto Líquido sobre Produtos
PIB a Preços de Mercado
Ótica da Despesa
Despesa de Consumo das Famílias
Despesa de Consumo da Administração Pública
Formação Bruta de Capital Fixo
Exportação de Bens e Serviços
Importação de Bens e Serviços (-)
Variação de Estoque

Fonte: IBGE e Elaboração Própria.

3.3 ÍNDICE DE ATIVIDADE ECONÔMICA DO BANCO CENTRAL (IBC-Br)

Importância: ★★★

Onde Obter: www.bcb.gov.br

Divulgação: Mensal, com calendário de divulgação do indicador publicado no site do Banco Central.

3.3.1 Descrição

O Índice de Atividade Econômica do Banco Central Brasil (IBC-Br) tem como objetivo realizar uma avaliação ampla da atividade econômica brasileira em bases mensais. Esse indicador passou a ser divulgado pelo Banco Central em março de 2010 e tem como objetivo principal auxiliar a instituição na tomada de decisão acerca da política monetária.

A forma como o índice foi concebido permite que ele tenha uma considerável aderência ao comportamento do Produto Interno Bruto (PIB) brasileiro, uma vez que a estrutura do Sistema de Contas Nacionais (SCN) é empregada na definição e no uso das *proxies* utilizadas na apuração do índice.

Em 2016, o IBC-Br passou por uma atualização para incorporar a Pesquisa Nacional por Amostra Domiciliar Contínua (PNAD Contínua), que substituiu a Pesquisa Mensal de Emprego (PME), a ampliação da Pesquisa Mensal de Serviços (PMS) e o aperfeiçoamento da estrutura metodológica do Sistema de Contas Nacionais (SCN). O ajuste da sazonalidade também foi modificado nessa atualização, de tal sorte a incorporar mais diretamente o efeito de feriados nacionais sobre as variações na série.

O IBC-Br é um índice apurado mensalmente pelo Banco Central, o que o torna vantajoso para um acompanhamento da atividade econômica brasileira em bases mensais (o PIB, por exemplo, é divulgado trimestralmente e cerca de dois meses após o fechamento do trimestre).

3.3.2 Importância

O Índice de Atividade Econômica do Banco Central (IBC-Br) ganhou espaço ao longo dos últimos anos como um dos principais indicadores da atividade econômica brasileira. Isso se deve, em boa parte, ao fato de ser um índice cuja construção é bem abrangente em termos de representatividade da atividade econômica nacional. Seu comportamento, em grande medida, reflete o observado no PIB.

Adicionalmente, o IBC-Br é utilizado pelo Banco Central no processo de decisão acerca da meta da taxa básica de juros (Selic), o que faz com que economistas redobrem a atenção sobre a evolução desse indicador.

Por conta desses fatores, o IBC-Br tem se mostrado um importante indicador ao longo dos últimos anos, sendo peça essencial para compor o quadro geral da atividade econômica.

3.3.3 Como interpretar

O Índice de Atividade Econômica do Banco Central (IBC-Br) é divulgado mensalmente pelo BC, tendo o calendário de divulgação disponível no site da instituição. Na data especificada, o Banco Central divulga o índice em seu site em duas áreas: i) nos Indicadores Econômicos Selecionados, em que é disponibilizada uma planilha eletrônica com o índice original e o dessazonalizado; e ii) no Sistema Gerenciador de Séries Temporais (SGS), que fica na área de Estatísticas do site da instituição.

O indicador é apresentado de duas formas pelo BC: a série original e a sazonalmente ajustada, que permite a comparação com o mês imediatamente anterior.

No caso da série dessazonalizada, as variações mês a mês permitem ter uma medida da atividade econômica na margem, ou seja, aquela que está ocorrendo de forma mais contemporânea.

Outra forma usual de analisar esse índice é por intermédio da variação do resultado trimestral comparada com o mesmo período do ano anterior. Esse tipo de comparação dá uma ideia aproximada de como será o resultado do PIB trimestral. O Gráfico 3.1 ilustra a comparação da média trimestral do IBC-Br e do PIB trimestral.

Via de regra, o comportamento do IBC-Br reflete de forma adequada o comportamento da atividade econômica brasileira. Dessa forma, se esse indicador estiver apresentando crescimento na série dessazonalizada, é razoável supor que a atividade econômica esteja apresentando um ritmo mais intenso. De maneira similar, uma queda na série dessazonalizada indica uma desaceleração no ritmo da atividade econômica na margem.

Gráfico 3.1 – PIB Trimestral X Média Trimestral do IBC-Br

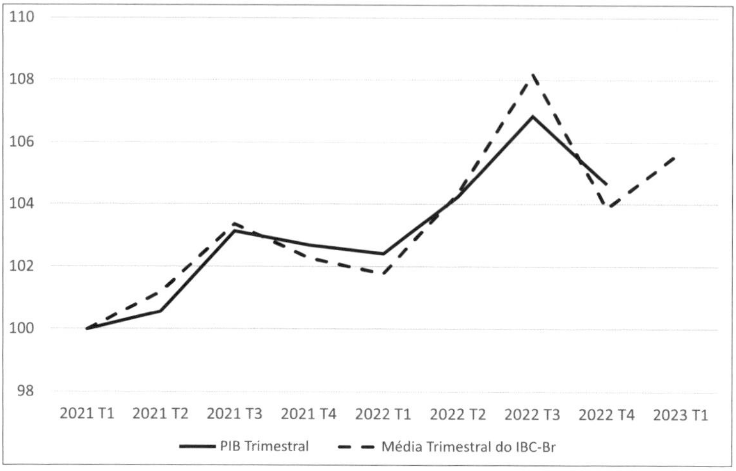

Fontes: Banco Central do Brasil e IBGE e Elaboração Própria.

3.3.4 Detalhando o indicador

A elaboração do IBC-Br tomou por base um conjunto de *proxies* representativas do volume de produção dos macrossetores da economia brasileira — agropecuária, indústria e serviços —, além de incorporar o volume de impostos. Os pesos das *proxies* são estabelecidos, em termos agregados, a partir das tabelas de recursos e usos do Sistema de Contas Nacionais (SCN) do IBGE. Na estruturação do índice, são utilizadas informações das seguintes pesquisas do IBGE: Pesquisa Industrial Anual (PIA), Pesquisa Anual de Serviços (PAS) e Produção Agrícola Municipal (PAM). O detalhamento metodológico e as fontes utilizadas pelo Banco Central na construção do IBC-Br estão listados no Quadro 3.2.

Quadro 3.2 – Índice de Atividade do Banco Central (IBC-Br) – Metodologia

Setor	Metodologia
Agropecuária	A estimativa da produção da agricultura é realizada com base no Levantamento da Produção Agrícola (LSPA) do IBGE ou pela PAM-IBGE (quando esta estiver disponível). O crescimento anual é distribuído mensalmente, respeitando a sazonalidade de acordo com o Censo Agropecuário de 2006. Para a produção animal, as fontes utilizadas são as seguintes pesquisas do IBGE: Pesquisa Trimestral de Abate de Animais; Pesquisa Trimestral de Ovos de Galinha e Pesquisa Trimestral do Leite.
Indústria de Transformação e Extrativa Mineral	São utilizadas as informações da Pesquisa Industrial Mensal (PIM) do IBGE, e dados do setor de petróleo publicados pela Agência Nacional do Petróleo, Gás Natural e Biocombustíveis (ANP) para a construção dos índices de volume.
Produção e Distribuição de Eletricidade	A construção do índice de volume é elaborada a partir das informações de geração de energia elétrica disponibilizadas pelo Operador Nacional do Sistema Elétrico (ONS).
Construção	A estimativa do volume de produção do setor é realizada a partir da evolução dos insumos típicos da construção civil na Pesquisa Industrial Mensal (PIM) do IBGE e da massa salarial dos trabalhadores no setor.
Comércio	A construção do índice de volume do comércio é resultado, em grande parte, da estimativa da margem, que é uma função da produção interna e da importação de bens. Para a produção interna, utilizam-se os indicadores descritos anteriormente e, para a importação, utiliza-se o índice de quantum da Funcex. A esse cálculo de margem é agregado um segundo componente associado à demanda, a Pesquisa Mensal do Comércio (PMC) do IBGE.
Serviços de Informação, Transporte, Armazenagem e Correio	Para os indicadores de volume desses segmentos, utiliza-se a Pesquisa Mensal de Serviços (PMS) do IBGE.
Intermediação Financeira	Utiliza um componente representativo dos serviços de intermediação financeira, indiretamente medido, agregado a um componente representativo, medido diretamente, dado pelas tarifas bancárias, na construção do indicador de volume do setor.

(Continua)

Setor	Metodologia
Outros Serviços (Serviços Domésticos; Alojamento e Alimentação; Reparação e Manutenção de Equipamentos de Informática e Comunicação e de Objetos Pessoais e Domésticos; Outros Serviços Prestados às Famílias; Serviços Tipicamente Prestados às Empresas; Educação Mercantil; Saúde Mercantil)	Para esses serviços, o indicador de volume é construído em boa parte por meio da população ocupada nesses segmentos, tendo como fonte a Pesquisa Nacional por Amostra de Domicílios Contínua (PNAD Contínua), do IBGE. Em alguns segmentos, são utilizados dados da PMS do IBGE. Para o segmento de Educação Mercantil, são utilizadas informações do número de matrículas na rede privada divulgadas pelo Instituto Nacional de Estudos e Pesquisas Educacionais Anísio Teixeira (INEP). Para o segmento de Saúde Mercantil, o indicador é construído a partir do tempo total de internações e da produção ambulatorial nos hospitais privados, informados pelo Ministério da Saúde.
Administração, Saúde e Educação Públicas	O indicador de educação pública é construído de acordo com o número de matrículas na rede pública informado pelo INEP. No caso da saúde pública, a construção é similar ao caso anterior, sendo construído a partir do tempo total de internações e da produção ambulatorial nos hospitais públicos. O indicador de administração pública e seguridade social é construído a partir da população ocupada na administração pública conforme a PNAD, do IBGE.
Atividades Imobiliárias e Aluguéis	Nesse caso, é utilizado um modelo econométrico univariado para a construção do indicador. Ele é substituído pelo valor efetivamente estimado pelo IBGE quando estiver disponível.
Imposto sobre Produtos	Esse indicador depende da margem de impostos por produto. Sua construção é relativamente similar ao comércio, sendo consideradas no cálculo da margem a produção interna e a importação. A esse cálculo é agregado o indicador de comércio ampliado da Pesquisa Mensal de Comércio (PMC) do IBGE, que tem maior conexão com a demanda.

Fonte: Banco Central do Brasil.

Para o ajuste da sazonalidade do indicador, o Banco Central utiliza o software X13-ARIMA-SEATS, produzido, distribuído e mantido pelo *U.S. Census Bureau* dos EUA.

Por fim, é importante destacar que a série desse indicador está sujeita a revisões, particularmente nos meses mais recentes do índice. Isso é consequência da incorporação da revisão de dados das fontes primárias e da substituição de valores estimados por definitivos.

3.4 MONITOR DO PIB – FGV

Importância: ★★

Onde Obter: www.portalibre.fgv.br

Divulgação: Mensal.

3.4.1 Descrição

O Monitor do PIB-FGV é elaborado e divulgado mensalmente pelo Instituto Brasileiro de Economia (IBRE), da Fundação Getulio Vargas (FGV). Esse indicador foi criado pela instituição em 2013 e passou a ser divulgado mensalmente a partir de 2015. O objetivo do Monitor é gerar informações em bases mensais de um indicador que apresenta um comportamento similar ao do Produto Interno Bruto (PIB), divulgado pelo IBGE. A vantagem desse indicador é que sua divulgação é mensal, enquanto o PIB é publicado trimestralmente pelo IBGE. Dessa forma, o Monitor do PIB-FGV permite um acompanhamento em alta frequência de um indicador amplo da atividade econômica brasileira.

3.4.2 Importância

O Monitor do PIB-FGV é um indicador relativamente recente no contexto da economia brasileira. Apesar disso, ganhou importância considerável nos últimos anos para o acompanhamento da atividade econômica por parte de economistas, mercado financeiro e órgãos de governo por ser um indicador mensal com boa aderência ao comportamento do PIB trimestral brasileiro. Sua construção permite uma visualização desagregada das componentes da demanda agregada em bases mensais, algo que o Índice de Atividade Econômica do Banco Central (IBC-Br) não possibilita. Em função disso, o Monitor do PIB se constitui em um indicador de atividade econômica que tem abrangência ampla, antecipando o resultado do PIB.

3.4.3 Como interpretar

O Monitor do PIB é divulgado mensalmente pela FGV em datas especificadas em calendário no site da instituição. Os destaques da pesquisa são divulgados no site da instituição por meio de um press-release.

O principal aspecto destacado pelo Monitor diz respeito ao comportamento do PIB sazonalmente ajustado. A evolução desse indicador sinaliza o comportamento da atividade econômica em um caráter mais amplo, uma vez que o PIB incorpora a produção de todos os bens e serviços finais produzidos na economia. Em outras palavras, o Monitor não se restringe ao desempenho de um setor específico, como o comércio, por exemplo, mas ao conjunto da economia. A comparação permite acompanhar a evolução mensal e trimestral da atividade econômica.

O press-release também traz a visualização desagregada pelas componentes da demanda agregada: consumo das famílias, formação bruta de capital fixo, exportações e importações. Os resultados são apresentados em termos dessazonalizados e comparativamente ao mesmo trimestre do ano anterior.

Além desses indicadores, o Monitor do PIB-FGV apresenta a estimativa do PIB acumulado no ano (até o período de referência), em valores correntes, e a taxa de investimento, calculada pela razão entre a formação bruta de capital fixo e o PIB.

3.4.4 Detalhando o indicador

O Monitor do PIB-FGV é divulgado pelo IBRE, da FGV, em bases mensais em termos agregados e em nível desagregado pela ótica da oferta (produção) e da demanda. A desagregação, tanto pela ótica da oferta quanto pela da demanda, segue o padrão das Contas Nacionais Trimestrais (CNT) do IBGE.

Pela ótica da oferta, o Monitor tem informações sobre os três grandes setores da economia: agropecuária, indústria e serviços e seus respectivos subsetores. Do lado da demanda, o Monitor é desagregado nas componentes consumo final das famílias, formação bruta de capital fixo, exportações e importações.

Na elaboração desse indicador, o IBRE utiliza as informações da forma mais próxima possível daquelas utilizadas pelo IBGE no cálculo do PIB trimestral. Esse procedimento visa gerar um indicador que tenha o comportamento mais próximo possível do PIB divulgado pelo IBGE trimestralmente.

Os indicadores de volume do Monitor do PIB-FGV transformam os dados primários levantados pela instituição em índices de base móvel (todas as informações do indicador mensal são calculadas em relação à média do ano anterior). As séries dos subsetores e da economia como um todo, obtidas pela base móvel, são encadeadas pelas respectivas séries a preços de 1995. O cálculo das taxas de variação é realizado tendo por base o índice encadeado e é apresentado no Quadro 3.3.

Quadro 3.3 – Taxas Calculadas a Partir das Séries Geradas

Taxa Trimestral e Taxa Mensal	Calculadas a partir da série encadeada, representam a taxa trimestral (mensal) relativamente ao mesmo trimestre (mês) do ano anterior.
Taxa Acumulada em 4 Trimestres e Acumulada em 12 Meses	A taxa acumulada em 4 trimestres (ou em 12 meses) é calculada em relação à média dos 4 trimestres (ou 12 meses) imediatamente anteriores. Esse cálculo é realizado a partir da série encadeada.
Taxa Acumulada ao Longo do Ano	Representa a variação porcentual entre a média até o trimestre (mês) de referência em relação ao mesmo período do ano anterior. Essa taxa é calculada com base na série encadeada.
Taxa Trimestral Dessazonalizada	É a variação porcentual do trimestre de referência em relação ao trimestre imediatamente anterior. O cálculo é realizado a partir da média trimestral dessazonalizada encadeada mensal.
Taxa Mensal Dessazonalizada	Essa taxa é calculada a partir da variação porcentual do mês de referência em relação ao mês anterior, a partir da série encadeada mensal sazonalmente ajustada.

Fonte: FGV e Elaboração Própria.

3.5 PESQUISA INDUSTRIAL MENSAL – PRODUÇÃO FÍSICA (PIM-PF)

Importância: ★★

Onde Obter: www.ibge.gov.br

Divulgação: Em geral, cerca de dois meses após o fechamento do mês de referência, às 9h, na data definida pelo IBGE (vide calendário no site da instituição para detalhamento de datas).

3.5.1 Descrição

A Pesquisa Industrial Mensal – Produção Física é realizada e divulgada mensalmente pelo IBGE. Essa pesquisa tem como foco capturar o comportamento da produção das indústrias extrativa mineral e de transformação. Esse levantamento permite observar a evolução do produto real da indústria em diferentes bases de comparação, sendo a mais relevante a variação mensal sazonalmente ajustada.

Além da produção da indústria em geral, o IBGE segmenta o indicador por grandes categorias econômicas: bens de capital, bens intermediários, bens de consumo (total), bens de consumo duráveis e bens de consumo semi e não duráveis. Além disso, há a segmentação por seções e atividades industriais.

A pesquisa é divulgada em âmbito nacional e, subsequentemente, em nível regional, quando o IBGE informa a produção industrial das diferentes unidades da federação.

3.5.2 Importância

Até o início dos anos 2000, a PIM-PF foi o mais importante indicador da atividade econômica brasileira. Até a implementação do Real, em junho de 1994, a ênfase dos institutos de pesquisa parecia recair mais sobre os índices de inflação, o que era razoável dado o contexto de inflação elevada experimentado pelo país até então. O fato de que, entre o final da Segunda Guerra Mundial até o final dos anos 1970, a economia brasileira tenha apresentado taxas positivas (e expressivas) de crescimento também contribuiu para que não houvesse tanta preocupação com a análise dos ciclos econômicos no país.

Com o fim da hiperinflação a partir da implementação do Real, e a maior necessidade de compreender os ciclos econômicos, particularmente após a adoção do regime de metas para inflação, outros indicadores de atividade econômica foram criados, e a PIM-PF perdeu espaço para novos indicadores, como o IBC-BR, por exemplo. Outro aspecto importante a ser destacado é que a estrutura produtiva brasileira mudou ao longo das últimas décadas, com a indústria perdendo espaço para os serviços e para o agronegócio (em outras palavras, com um peso menor, a indústria, embora ainda seja um setor importante, deixou de ditar o ciclo econômico no país).

De qualquer forma, a PIM-PF continua sendo um indicador de atividade econômica importante, devendo ser acompanhado para efeitos de monitoramento do ambiente econômico.

3.5.3 Como interpretar

Na data especificada em calendário, o IBGE divulga um press-release apontando os principais resultados da produção industrial brasileira em termos agregados e em nível desagregado por grandes categorias econômicas.

Em termos agregados, as comparações são feitas com o período anterior sazonalmente ajustado, com o mesmo período do ano anterior, o resultado acumulado no ano, o acumulado em doze meses e a média móvel trimestral.

As variações apresentadas, cobrindo diferentes horizontes temporais, permitem análises distintas. A variação da produção relativamente ao mesmo mês do ano anterior mostra uma comparação em termos de nível. Já as variações identificadas pelo resultado acumulado em doze meses e a média móvel trimestral mostram trajetórias dinâmicas, sendo a primeira mais focada em um contexto de prazo mais longo e a segunda em uma conjuntura de prazo mais curto. A variação da produção industrial acumulada ao longo do ano relativamente ao mesmo período do ano anterior visa proporcionar uma ideia de como a indústria está indo no ano corrente comparativamente ao ano precedente. Essa comparação confere uma noção da trajetória da atividade industrial ao longo do ano e como ela deverá encerrar nesse período comparativamente ao ano anterior. Por fim, a variação sazonalmente ajustada da produção industrial em relação ao mês anterior, conforme mencionado, permite visualizar a trajetória de curto prazo da evolução do produto no setor.

Além desse tipo de comparação, o IBGE disponibiliza as variações na produção por grandes categorias econômicas (bens de capital, bens intermediários, bens de consumo duráveis e bens de consumo semi e não duráveis). Nessa segmentação, o IBGE apresenta comparações da produção por categoria nos seguintes critérios: i) variação sazonalmente ajustada em relação ao mês imediatamente anterior ao período de referência; ii) variação em relação ao mesmo período do ano anterior; iii) variação acumulada no ano; e iv) variação acumulada em doze meses.

Complementarmente, o IBGE também apresenta um conjunto de comentários relevantes, com informações detalhando o comportamento das grandes categorias econômicas, das atividades e dos ramos industriais.

3.5.4 Detalhando o indicador

As origens da Pesquisa Industrial Mensal – Produção Física remontam à década de 1970, quando o IBGE deu início à elaboração de indicadores mensais de produção física da indústria. Os primeiros indicadores eram baseados na Pesquisa Industrial Anual (PIA) de 1968 e incorporavam uma gama de 110 produtos e aproximadamente mil empresas informantes.

Ao longo do tempo, essa pesquisa passou por diversas reformulações, refletindo avanços do ponto de vista do sistema de apuração e cálculo dos indicadores por parte do IBGE e as mudanças estruturais na indústria brasileira ocorridas ao longo das últimas décadas.

Uma grande reformulação da pesquisa foi realizada em 2014, quando foram divulgadas novas séries da produção industrial. Essa reformulação revisou a série anterior e trouxe o marco de referência para a pesquisa do ano de 2010. Essa reformulação incorporou na pesquisa a Classificação Nacional de Atividades Econômicas (CNAE) na sua versão 2.0 ao mesmo tempo que atualizou a amostra de setores, produtos e informantes, passando a ter 944 produtos e 7.800 informantes. Ela também visou a atualização da estrutura de ponderação dos índices, tendo por base as estatísticas industriais mais recentes, integrando-se ao projeto de implantação da Série de Contas Nacionais (SCN) com referência a 2010. Além disso, essa reformulação também teve como objetivo a atualização da base tecnológica dos instrumentos de coleta de informações, de cálculo e de análise dos índices por parte do IBGE.

Em 2023, a pesquisa teve uma nova atualização, feita a partir do cadastro de empresas e produtos produzidos pela Pesquisa Industrial Anual (PIA-Empresa e PIA-Produto) de 2019. Nesse processo, houve a atualização do ano-base da pesquisa (2019), da cesta de produtos investigados e da estrutura de ponderação. Do ponto de vista amostral, a PIM-PF passou a contar com 8.596 empresas e 12.500 unidades locais, tendo 1.042 produtos pesquisados (789 para o Brasil e mais 253 em âmbito regional).

Nessa atualização, o critério de seleção de Unidades da Federação passou de pelo menos 1,0% do valor de transformação industrial (VTI) para 0,5%. A partir disso, a pesquisa passou a contar com três novos locais: Rio Grande do Norte, Maranhão e Mato Grosso do Sul, além daqueles que já eram investigados (Amazonas, Pará, Ceará, Pernambuco, Bahia, Minas Gerais, Espírito Santo, Rio de Janeiro, São Paulo, Paraná, Santa Catarina, Rio Grande do Sul, Goiás, Mato Grosso e Região Nordeste).

O Quadro 3.4 apresenta a produção industrial segundo grandes categorias econômicas. Esse tipo de desagregação é apresentada no press-release na divulgação mensal da PIM-PF.

Embora o IBGE não realize um grau de desagregação maior do ponto de vista das grandes categorias econômicas no momento da divulgação da PIM-PF (essa análise, muitas vezes, restringe-se aos comentários), cada grupo pode ser desagregado em um grau maior. Isso permite que uma pesquisa mais refinada seja realizada nesse tipo de estrutura. O Quadro 3.5 apresenta esse nível de desagregação.

Quadro 3.4 – PIM-PF – Grandes Categorias Econômicas

Categorias Econômicas
1 – Bens de Capital (BC)
2 – Bens Intermediários (BI)
3 – Bens de Consumo (BC)
3.1 – Bens de Consumo Duráveis (BCD)
3.2 – Bens de Consumo Semi e Não Duráveis (BCND)
Indústria Geral

Fonte: IBGE e Elaboração Própria.

Quadro 3.5 – PIM-PF – Grandes Categorias Econômicas

Categorias Econômicas
1 – Bens de Capital (BC)
110 – Bens de Capital, Exceto Equipamentos de Transporte Industrial
120 – Equipamentos de Transporte Industrial
2 – Bens Intermediários (BI)
210 – Alimentos e Bebidas Básicos, Destinados Principalmente à Indústria
220 – Alimentos e Bebidas Elaborados, Destinados Principalmente à Indústria
230 – Insumos Industriais Básicos
240 – Insumos Industriais Elaborados
250 – Combustíveis e Lubrificantes Básicos
260 – Combustíveis e Lubrificantes Elaborados, Exceto Gasolina para Automóvel
270 – Peças e Acessórios para Bens de Capital
280 – Peças e Acessórios para Equipamentos de Transporte
3 – Bens de Consumo
31 – Bens de Consumo Duráveis
311 – Bens de Consumo Duráveis, Exceto Automóveis para Passageiros e Equipamento de Transporte Não Industrial
312 – Automóveis para Passageiros
313 – Equipamentos de Transporte Não Industrial
32 – Bens de Consumo Semiduráveis e Não Duráveis
321 – Bens de Consumo Semiduráveis
322 – Bens de Consumo Não Duráveis
323 – Alimentos e Bebidas Básicos, Destinados Principalmente ao Consumo Doméstico
324 – Alimentos e Bebidas Elaborados, Destinados Principalmente ao Consumo Doméstico
325 – Gasolina para Automóvel (Motor Spirit)
9 – Bens Não Especificados Anteriormente

Fonte: IBGE e Elaboração Própria.

Outro tipo de desagregação que o IBGE realiza na PIM-PF é por meio das seções e atividades industriais. Nesse caso, a abertura das informações ocorre na segmentação entre as indústrias extrativas mineral e de transformação e as respectivas atividades industriais. Esse tipo de desagregação, com as seções e atividades, é apresentado no Quadro 3.6.

Quadro 3.6 – PIM-PF – Seções e Atividades Industriais

Seções e Atividades Industriais
1 – Indústria Geral
2 – Indústrias Extrativas
3 – Indústrias de Transformação
3.10 – Fabricação de Produtos Alimentícios
3.11 – Fabricação de Bebidas
3.12 – Fabricação de Produtos de Fumo
3.13 – Fabricação de Produtos Têxteis
3.14 – Confecção de Artigos do Vestuário e Acessórios
3.15 – Preparação de Couros e Fabricação de Artefatos de Couro, Artigos para Viagem e Calçados
3.16 – Fabricação de Produtos de Madeira
3.17 – Fabricação de Celulose, Papel e Produtos de Papel
3.18 – Impressão e Reprodução de Gravações
3.19 – Fabricação de Coque, de Produtos Derivados do Petróleo e de Biocombustíveis
3.20B – Fabricação de Sabões, Detergentes, Produtos de Limpeza, Cosméticos, Produtos de Perfumaria e de Higiene Pessoal
3.20C – Fabricação de Produtos Químicos
3.21 – Fabricação de Produtos Farmoquímicos e Farmacêuticos
3.22 – Fabricação de Produtos de Borracha e de Material Plástico
3.24 – Metalurgia
3.25 – Fabricação de Produtos de Metal, Exceto Máquinas e Equipamentos
3.26 – Fabricação de Equipamentos de Informática, Produtos Eletrônicos e Ópticos
3.27 – Fabricação de Máquinas, Aparelhos e Materiais Elétricos
3.28 – Fabricação de Máquinas e Equipamentos
3.29 – Fabricação de Veículos Automotores, Reboques e Carrocerias
3.30 – Fabricação de Outros Equipamentos de Transporte, Exceto Veículos Automotores
3.31 – Fabricação de Móveis
3.32 – Fabricação de Produtos Diversos
3.33 – Manutenção, Reparação e Instalação de Máquinas e Equipamentos

Fonte: IBGE e Elaboração Própria.

O comportamento da indústria no grau de desagregação exibido nos Quadros 3.5 e 3.6 não é usualmente apresentado no press-release publicado pelo IBGE na data da divulgação da PIM-PF. Para encontrar essas informações, é necessário recorrer ao banco de dados do IBGE, o Sistema IBGE De Recuperação Automática (SIDRA), que se localiza no próprio site da instituição (www.sidra.ibge.gov.br). No site do banco de dados, é possível visualizar a PIM-PF em uma das várias abas disponíveis no banco de dados (assim como também é possível visualizar a PIM-PF Regional nesse banco de dados).

3.6 PESQUISA MENSAL DE COMÉRCIO (PMC)

Importância: ★★

Onde Obter: www.ibge.gov.br

Divulgação: Mensal, com calendário de divulgação publicado pela instituição. Na data especificada, às 9h, o IBGE publica um press-release sintetizando as principais informações relativas à pesquisa.

3.6.1 Descrição

A Pesquisa Mensal de Comércio (PMC), realizada mensalmente pelo IBGE, tem como objetivo gerar indicadores que permitam o acompanhamento da evolução do comércio varejista brasileiro. Para tanto, o foco é a construção de indicadores a partir da receita bruta de revenda de empresas formais, cuja atividade principal é o comércio varejista e com, no mínimo, vinte pessoas ocupadas.

O levantamento permite a construção de indicadores para duas variáveis relativas ao setor: a receita nominal e o volume de vendas. Os indicadores são construídos para o comércio geral e para setores de atividade. Adicionalmente, o IBGE apresenta os resultados em âmbito nacional e segmentado para as unidades da federação.

A pesquisa teve início em 1995 e passou por várias atualizações ao longo das últimas décadas. A mais recente ocorreu em 2017, quando a amostra foi atualizada para 6.157 empresas informantes e o ano-base passou a ser 2014.

3.6.2 Importância

Assim como outras pesquisas voltadas para o monitoramento da atividade econômica brasileira, a Pesquisa Mensal de Comércio (PMC) teve início após a implementação do Plano Real, em 1994. A queda da inflação e a maior necessidade de monitorar o ritmo da atividade ampliaram a necessidade por pesquisas dessa natureza. Por conta disso, a PMC, assim como outros indicadores de acompanhamento conjuntural da atividade econômica brasileira, ganhou espaço e importância ao longo do tempo. Atualmente, ela se constitui na mais importante pesquisa de monitoramento da conjuntura do comércio varejista do país, sendo acompanhada de perto por economistas, mercado financeiro e órgãos de governo.

Um aspecto importante dessa pesquisa, que merece ser destacado, diz respeito ao seu grau de desagregação por segmentos do varejo, o que permite uma análise setorial mais pormenorizada.

3.6.3 Como interpretar

O press-release publicado pelo IBGE no dia da divulgação da pesquisa traz as principais informações sobre o comportamento do comércio varejista no mês de referência que, em geral, tem dois meses de defasagem. Isso significa que uma pesquisa publicada em novembro, por exemplo, traz informações relativas ao comportamento do comércio de setembro.

Nessa publicação, o destaque fica para o comportamento do volume de vendas do comércio geral, particularmente na comparação com o mês anterior. É importante ressaltar que nessa comparação há um tratamento estatístico que ajusta a sazonalidade do setor. Isso significa que picos de vendas em eventos específicos, como Dia das Mães, Dia dos Pais, Natal etc., são ajustados de forma a tornar a série de volume de vendas comparável mês a mês[1].

Além da comparação mensal, o release apresenta o resultado acumulado no ano e a variação do volume de vendas no comércio no acumulado em doze meses.

---

1 Caso esse tratamento não fosse realizado, a comparabilidade mês a mês seria inviabilizada. Por exemplo, se compararmos as vendas do comércio de dezembro de um determinado ano em relação a novembro, elas serão muito maiores por conta da sazonalidade das vendas de fim de ano. Ao se observar o mês de janeiro em relação a dezembro, verifica-se, tipicamente, uma queda nas vendas. Essas oscilações típicas das vendas, decorrentes de fatores sazonais, são passíveis de ajuste mediante técnicas estatísticas específicas.

A pesquisa também traz os indicadores relativos aos diferentes grupos de atividade do varejo. O IBGE apresenta os destaques relativos a esses grupos ao longo do release publicado na data de divulgação da pesquisa.

A análise do comportamento das vendas no varejo é um insumo importante na composição do quadro geral da atividade econômica brasileira. Em geral, as vendas no comércio refletem a dinâmica do consumo no país, o que ajuda a traçar uma perspectiva acerca do grau de aquecimento relativo da economia. Nesse sentido, o desempenho dos demais setores ligados ao ciclo econômico doméstico, da indústria, por exemplo, tende a acompanhar o que está acontecendo na ponta do comércio varejista.

3.6.4 Detalhando o indicador

A Pesquisa Mensal de Comércio (PMC) tem seus indicadores construídos a partir da receita bruta de revenda do setor. Basicamente, a partir dessas informações, o IBGE elabora indicadores para as variáveis de receita nominal e do volume de vendas.

A construção do volume de vendas é realizada a partir da deflação dos valores correntes das vendas por índices de preços específicos para cada grupo de atividade e para cada unidade da federação. Esse processo envolve o uso da base de preços do Índice de Preços ao Consumidor Amplo (IPCA) e do Sistema Nacional de Pesquisa de Custos e Índices da Construção Civil (SINAPI). Como nem todas as unidades da federação são cobertas pela pesquisa do IPCA, o IBGE utiliza os preços da área geográfica mais adequada nesses casos.

A PMC traz os indicadores de receita nominal e de volume de vendas no varejo de acordo com a seguinte estrutura:

- **Índice de Comércio Varejista**: esses indicadores incorporam todas as atividades abrangidas pela pesquisa, incorporando empresas cujas receitas advêm, principalmente, do varejo. Os índices são divulgados em âmbito nacional e para todas as unidades da federação.
- **Índice de Comércio Varejista por Atividade**: os indicadores divulgados nessa abertura encontram-se disponíveis na pesquisa em nível nacional e para as seguintes unidades da federação: Bahia, Ceará, Distrito Federal, Espírito Santo, Goiás, Minas Gerais, Paraná, Pernambuco, Rio de Janeiro, Rio Grande do Sul, Santa Catarina e São Paulo. O Quadro 3.7 traz os grupos de atividades disponíveis na pesquisa.

Quadro 3.7 – Comércio Varejista por Atividade

– Combustíveis e Lubrificantes
– Supermercados, Hipermercados, Produtos Alimentícios, Bebidas e Fumo
– Vestuário, Calçados e Tecidos
– Móveis e Eletrodomésticos
– Artigos Farmacêuticos, Médicos, Ortopédicos e de Perfumaria e Cosméticos
– Equipamentos e Material para Escritório, Informática e Comunicação
– Livros, Jornais, Revistas e Papelarias
– Outros Artigos de Uso Pessoal e Doméstico

Fonte: IBGE e Elaboração Própria.

- **Índices de Comércio Varejista Ampliado**: estes indicadores incorporam os grupos de atividades que formam o varejo e adicionam os segmentos de: i) veículos e motocicletas, partes e peças; ii) material de construção; e iii) atacado de produtos alimentícios, bebidas e fumo. Esses índices são divulgados para o âmbito nacional e todas as unidades da federação.
- **Índices de Comércio Varejista Ampliado por Atividade**: esses índices são elaborados para todos os grupos de atividades listados no Quadro 3.7 e "Veículos e Motocicletas, Partes e Peças" e de "Material de Construção". Os índices são divulgados para o Brasil e para as doze unidades da federação listadas anteriormente.

Os índices divulgados na PMC permitem diferentes bases de comparação para o comércio varejista como um todo e para os diferentes grupos de atividade descritos anteriormente. As divulgações realizadas pelo IBGE no press-release trazem comparações do desempenho do comércio (e varejo ampliado) nas seguintes dimensões: i) sazonalmente ajustadas em relação ao período imediatamente anterior ao de referência; ii) variação na média móvel trimestral sazonalmente ajustada; iii) variação em relação ao mesmo período do ano anterior; iv) variação acumulada no ano; e v) variação acumulada em doze meses.

Para o processo de dessazonalização das séries na PMC, a instituição utiliza o software X13 ARIMA – SEATS, do *U.S. Census Bureau*.

3.7 PESQUISA MENSAL DE SERVIÇOS (PMS)

Impacto: ★★

Onde Obter: www.ibge.gov.br

Divulgação: Mensal, com calendário de divulgação publicado pela instituição. Na data especificada, às 9h, o IBGE publica um press-release sintetizando as principais informações relativas à pesquisa.

3.7.1 Descrição

A Pesquisa Mensal de Serviços (PMS), realizada e divulgada mensalmente pelo IBGE, tem como objetivo gerar indicadores que permitam o acompanhamento da conjuntura do setor de serviços no Brasil. Essa pesquisa tem como base a receita bruta de serviços em empresas formais que têm vinte ou mais pessoas ocupadas e cuja principal atividade é um serviço não financeiro (excluindo-se as áreas de saúde e educação).

A PMS teve início em 2011 e passou a apresentar indicadores em janeiro do ano seguinte. A pesquisa traz resultados para o Brasil e todas as unidades da federação em âmbito geral. Ela também apresenta indicadores por atividade, mas apenas em nível nacional.

Assim como outras pesquisas mensais relativas a indicadores da atividade econômica realizadas pelo IBGE, no caso da PMS, a divulgação usualmente ocorre mais de 30 dias após o encerramento do mês de referência. Isso significa que os indicadores de setembro, por exemplo, só se tornam disponíveis no início de novembro.

3.7.2 Importância

Iniciada em 2011, a PMS pode ser considerada uma pesquisa relativamente recente quando comparada a outras relativas à atividade econômica, como, por exemplo, a Pesquisa Industrial Mensal (PIM) do próprio IBGE.

Apesar disso, a importância dessa pesquisa cresceu ao longo dos últimos anos, uma vez que ela tem como foco o acompanhamento conjuntural de um importante setor da economia brasileira.

Desde a década de 1980, o setor industrial brasileiro tem perdido espaço em termos de participação no PIB nacional, com crescente importância do agronegócio e dos serviços. Atualmente, pela ótica de bens e serviços finais, cerca de 2/3 do PIB brasileiro correspondem ao setor de serviços.

Por conta disso, a PMS preenche um importante vácuo de indicadores acerca do setor e tem sido acompanhada de perto por economistas, analistas do mercado financeiro e governo no âmbito do monitoramento da atividade econômica do país.

3.7.3 Como interpretar

Os principais resultados da pesquisa são apresentados no press-release publicado pela instituição na data da divulgação. O destaque fica por conta da comparação sazonalmente ajustada no mês de referência relativamente ao resultado observado no mês anterior. Com isso, é possível acompanhar a evolução da atividade do setor de serviços mês a mês. Além disso, essa publicação traz comparações com o mesmo mês do ano anterior, resultado acumulado no ano e o acumulado em doze meses.

A comparação mensal dessazonalizada permite uma visualização de curto prazo da evolução do setor, enquanto que a relativa ao mesmo mês do ano anterior confere uma perspectiva do nível de atividade relativa. A comparação no acumulado de doze meses permite uma visualização de um horizonte temporal mais longo do comportamento dos serviços e o resultado acumulado no ano permite uma comparabilidade do desempenho do setor em relação ao ano anterior.

O press-release também traz destaques relativos ao comportamento dos diferentes segmentos de atividade do setor e para a evolução em âmbito regional.

3.7.4 Detalhando o indicador

A Pesquisa Mensal de Serviços (PMS) disponibiliza indicadores que permitem o acompanhamento da conjuntura do setor em âmbito empresarial não financeiro e dos principais segmentos.

Desde o início de 2017, o Sistema de Índices do Setor de Serviços começou uma nova série, atualizando a amostra de informantes para 12.225

empresas formais com 20 ou mais pessoas ocupadas. As empresas devem ter a atividade principal compreendida dentre os cinco grupamentos de atividades da Classificação Nacional de Atividades Econômicas, na sua versão 2.0 (CNAE 2.0). O ano-base, na revisão ocorrida naquele ano, passou a ser 2014, bem como o período de referência para a série encadeada.

A partir da receita bruta de serviços nas empresas, a PMS constrói indicadores de receita nominal e de volume para o setor.

A partir de janeiro de 2023, o Sistema de Índices do Setor de Serviços iniciou uma nova série, que apresenta as seguintes revisões metodológicas: atualização da base amostral de informantes para 11.124 empresas, a partir do estrato certo da Pesquisa Anual de Serviços (PAS) 2017. Em relação ao processo de deflação das receitas, visando a produção dos indicadores de volume, foi feita atualização da data de referência para julho/2022, com o uso de valores do IPCA provenientes de cinco novas regiões e, também, mudanças em algumas associações entre CNAEs da pesquisa e subitens do IPCA. Duas novas séries passaram a ser ajustadas sazonalmente: "Aluguéis não-imobiliários" e "Serviços de apoio às atividades empresariais". Além disso, no ambiente de dados do IBGE (SIDRA), também foi adicionada uma nova tabela de indicadores relativa a segmentos de serviços, bem como a ampliação da tabela que contém indicadores por atividades, em nível Brasil. A série também teve seu ano-base alterado para 2022, fazendo com que a série completa de indicadores (série encadeada, incluindo o período entre janeiro de 2011 e dezembro de 2022) tenha como período de referência o mesmo ano.

Os indicadores de volume são obtidos por meio da deflação dos valores nominais por índices de preços específicos para cada grupo de atividade e unidade da federação. Esses índices são construídos a partir da base de preços do IPCA do IBGE. Para unidades da federação não cobertas no âmbito do IPCA, a instituição utiliza a base de preços da área geográfica mais adequada. Para o caso de atividades não cobertas pelo índice de inflação, o IBGE utiliza o IPCA Serviços no processo de deflação.

Os índices gerais de receita nominal e de volume são divulgados em âmbito nacional e para todas as unidades da federação. Além disso, a pesquisa divulga esses índices para grupamentos de atividades em âmbito nacional. O Quadro 3.8 apresenta os grupamentos de atividade do setor de serviços em que os índices são divulgados para o Brasil como um todo.

Quadro 3.8 – Índice de Serviços por Atividade

Serviços Prestados às Famílias
– *Serviços de Alojamento e Alimentação*
– *Outros Serviços Prestados às Famílias*
Serviços de Informação e Comunicação
– *Serviços de Tecnologia da Informação e Comunicação (TIC)*
– *Telecomunicações*
– *Serviços de Tecnologia da Informação*
– *Serviços Audiovisuais, de Edição e Agências de Notícias*
Serviços Profissionais, Administrativos e Complementares
– *Serviços Técnico-Profissionais*
– *Serviços Administrativos e Complementares*
Transportes, Serviços Auxiliares dos Transportes e Correio
– *Transporte Terrestre*
– *Transporte Aquaviário*
– *Transporte Aéreo*
– *Armazenagem, Serviços Auxiliares dos Transportes e Correio*
Outros Serviços

Fonte: IBGE e Elaboração Própria.

A PMS também traz o *Índice de Atividades Turísticas* para as seguintes unidades da federação: Bahia, Ceará, Distrito Federal, Espírito Santo, Goiás, Minas Gerais, Paraná, Pernambuco, Rio de Janeiro, Rio Grande do Sul, Santa Catarina e São Paulo. Para esses estados e o Distrito Federal, a pesquisa apresenta os índices para os seguintes grupamentos de atividade (sem ajuste sazonal: serviços prestados às famílias; serviços de informação e comunicação; serviços profissionais, administrativos e complementares; transportes, serviços auxiliares dos transportes e correio; e outros serviços.

Assim como na Pesquisa Mensal de Comércio (PMC), também do IBGE, a PMS apresenta cinco tipos de índices que permitem as comparações apontadas anteriormente: i) sazonalmente ajustadas em relação ao período imediatamente anterior ao de referência; ii) variação na média móvel trimestral sazonalmente ajustada; iii) variação em relação ao mesmo período do ano anterior; iv) variação acumulada no ano; e v) variação acumulada em doze meses.

Da mesma forma que outros índices de atividade divulgados pelo IBGE, o ajuste sazonal das séries da PMS é realizado utilizando o software X-13 ARIMA, do *U.S. Census Bureau*.

3.8 TAXA DE DESOCUPAÇÃO

Impacto: ★★★

Onde Obter: www.ibge.gov.br

Divulgação: Mensal para um conjunto de indicadores mais limitados relativos à força de trabalho. Trimestralmente, a instituição realiza uma divulgação que envolve todos os níveis de abrangência da pesquisa.

3.8.1 Descrição

A taxa de desocupação é obtida a partir de indicadores elaborados no âmbito da Pesquisa Nacional por Amostra de Domicílios Contínua – PNAD Contínua. Tendo como unidade de investigação o domicílio, essa pesquisa tem como objetivo acompanhar as flutuações em bases trimestrais e como evolui a força de trabalho ao longo do tempo. Para tanto, ela foi estruturada de forma a produzir indicadores trimestrais para a força de trabalho e anuais acerca de temas complementares.

A implementação experimental da PNAD Contínua se deu no final de 2011 e assumiu caráter definitivo no início do ano seguinte. A base amostral foi estruturada de forma a gerar resultados em âmbito nacional, para as grandes regiões, unidades da federação, regiões metropolitanas que incorporam municípios das capitais, Região Integrada de Desenvolvimento – RIDE Grande Teresina e os municípios das capitais. Ao longo de sua existência, a pesquisa ampliou os indicadores investigados e divulgados.

Um dos principais resultados dessa pesquisa diz respeito à taxa de desocupação, que representa o porcentual de pessoas acima de 14 anos que participam da força de trabalho (que trabalham ou estão procurando trabalho) que estão desempregadas. Essa medida representa a taxa de desemprego brasileira.

A taxa de desocupação mensal utiliza as informações dos últimos três meses consecutivos da pesquisa. Isso significa que a taxa divulgada mensalmente não reflete a situação do mês específico, mas sim a verificada no trimestre móvel que se encerra a cada mês.

As oscilações da taxa de desocupação refletem a dinâmica do mercado de trabalho brasileiro e tendem a acompanhar o ciclo econômico, ainda que com alguma defasagem.

3.8.2 Importância

A taxa de desocupação é o indicador mais importante no que se refere ao estado do mercado de trabalho brasileiro. A taxa de desemprego brasileira é associada a esse indicador. Ela revela o grau de aquecimento relativo desse mercado, e suas flutuações incorporam os efeitos da dinâmica da atividade econômica.

Essa taxa é um reflexo da evolução de um conjunto de indicadores que a PNAD contínua traz mês a mês, referentes à força de trabalho, população ocupada e população desocupada. Em outras palavras, o cálculo da taxa de desocupação envolve outros indicadores relativos ao mercado de trabalho disponibilizados pela pesquisa.

Por conta disso, a taxa de desocupação tem se mostrado um importante indicador de monitoramento da atividade econômica brasileira, complementando os demais indicadores existentes relativos a esse tema.

3.8.3 Como interpretar

A interpretação da taxa de desocupação requer alguns cuidados associados à sua construção e dinâmica.

Conforme apontado anteriormente, a taxa de desocupação divulgada mensalmente pelo IBGE refere-se à média observada nos últimos três meses encerrados no mês de referência. Isso significa que essa taxa não reflete, especificamente, a observada no mês em questão, mas sim o trimestre encerrado naquele mês.

Outro aspecto importante desse indicador é que seu início remonta aos primeiros meses de 2012. Isso significa que a série tem pouco mais de 10 anos, sendo relativamente curta para a realidade de um indicador econômico.

Antes da criação da PNAD Contínua, o desemprego brasileiro era medido pela Pesquisa Mensal de Emprego (PME), também realizada mensalmente pelo IBGE. A PME teve início em 1980 e foi encerrada em 2016, e sua abrangência geográfica era restrita a seis regiões metropolitanas: Belo Horizonte, Porto Alegre, Salvador, São Paulo, Recife e Rio de Janeiro. As substanciais diferenças metodológicas e bases amostrais de ambas as pesquisas tornam inviável seu encadeamento. Dessa forma, a PME se encerrou em 2016, tendo sido substituída em definitivo pela PNAD Contínua a partir de então.

Um ponto importante que deve ser considerado na análise da taxa de desocupação é que, diferentemente do que ocorre com muitos indicadores relativos à atividade econômica, ela não tem tratamento sazonal em sua divulgação. Isso significa que a evolução desse indicador ao longo do ano acompanha a sazonalidade típica da economia do mercado de trabalho. Em linhas gerais, isso significa que, sazonalmente, essa taxa tende a ser maior no começo de cada ano, uma vez que a atividade econômica tende a operar em um ritmo mais lento no começo do ano. À medida que os meses avançam, a tendência é que essa taxa diminua por conta do aquecimento econômico característico do ciclo anual. Em geral, nos últimos meses de cada ano registram-se as menores taxas de desocupação. Esse movimento é influenciado tanto pela sazonalidade da produção, que tende a ser mais intensa no segundo semestre de cada ano, quanto por conta da atividade do fim de ano, que conta, inclusive, com a contratação de temporários para as vendas no comércio no período. Isso significa que a comparabilidade da taxa de desocupação deve ser realizada não apenas se considerando o mês precedente, mas também a verificada no mesmo período do ano anterior.

Para se compreender o indicador, é importante antes conhecer alguns conceitos:

- **População em Idade de Trabalhar**: compreende o total da população com 14 anos ou mais.
- **Pessoas na Força de Trabalho**: é a parcela das pessoas em idade para trabalhar que estão trabalhando (ocupadas) ou procurando trabalho (desocupadas).
- **Pessoas Fora da Força de Trabalho**: corresponde ao total da População em Idade de Trabalhar menos as Pessoas na Força de Trabalho.
- **Força de Trabalho Potencial**: é a parcela das Pessoas Fora da Força de Trabalho que tem potencial de ser integrada a essa força.

A divulgação dos principais resultados da PNAD Contínua é feita por meio de um press-release publicado pelo IBGE na data especificada em calendário (usualmente às 9h) em seu site. Os principais indicadores são:

- **Taxa de Desocupação**: que representa a relação porcentual entre a população desocupada e a força de trabalho.
- **Taxa de Subutilização**: é a porcentagem da subutilização da força de trabalho (dada pela soma dos Desocupados e a Força Potencial de Trabalho) relativamente à Força de Trabalho Ampliada, que incorpora a Força de Trabalho e a Força de Trabalho Potencial.

- **Rendimento Real Habitual**: essa medida é dada pelo rendimento bruto real médio habitualmente recebido pelas pessoas ocupadas em todos seus trabalhos. Esse cálculo é estabelecido a preços da média dos três meses do trimestre que o indicador está sendo divulgado. Para deflacionar os valores, o IBGE utiliza o Índice de Preços ao Consumidor Amplo (IPCA).

Além dessas medidas, um destaque na divulgação fica por conta da massa real de rendimentos dos trabalhadores, que permite visualizar como essa massa tem evoluído ao longo do tempo.

Esses indicadores permitem uma visualização do quadro geral do mercado de trabalho, indicando seu grau de aquecimento relativo por meio das taxas de desocupação e de subutilização. Em geral, os indicadores de desemprego tendem a ter alguma defasagem em relação aos demais indicadores. Isso ocorre devido ao fato de que as contratações de novos trabalhadores no ciclo de retomada ou as demissões em momentos de recessão tendem a se cristalizar após o ciclo já estar em curso. Esse fenômeno é decorrente dos custos de admissão e de demissão que as empresas enfrentam, o que torna ambos os movimentos reativos ao ciclo.

Um aspecto a destacar remete ao comportamento do rendimento real e da massa de rendimentos. O comportamento desses indicadores tende a se refletir sobre as vendas no comércio e, em última instância, sobre a atividade econômica. Nesse sentido, a queda desses indicadores tende a sinalizar um menor potencial aquisitivo da renda dos trabalhadores, o que afeta diretamente o consumo. Isso tende a ocorrer em situações nas quais o desemprego está aumentando (em quadros de baixo crescimento ou recessão) ou quando há uma aceleração da inflação, que tende a corroer o rendimento real dos trabalhadores.

O inverso ocorre em situações nas quais os indicadores de rendimento real dos trabalhadores e a massa de rendimentos está crescendo. Isso indica um aumento do poder aquisitivo real da mão de obra, o que tende a influenciar positivamente as vendas no comércio. Em geral, esse fenômeno ocorre em situações em que a ocupação está crescendo e a taxa de desocupação está em queda.

Além desses indicadores, o IBGE divulga na publicação do press-release sobre a PNAD Contínua um conjunto de destaques relativos a indicadores relacionados à mão de obra, que funciona como um quadro complementar para a avaliação conjuntural do estado do mercado de trabalho brasileiro.

3.8.4 Detalhando o indicador

A taxa de desocupação é construída a partir de indicadores gerados no âmbito da PNAD Contínua. Essa pesquisa é realizada mediante uma amostra de domicílios, na qual há uma rotação daqueles que são selecionados, sendo mantida uma parcela sobreposta entre dois períodos de divulgação subsequentes. A pesquisa foi estruturada para uma periodicidade de coleta trimestral em que a amostra total de domicílios tem informações coletadas ao longo de três meses e, ao cabo desse período, são elaboradas as estimativas dos indicadores. Dado que o período de divulgação da pesquisa é trimestral, a sistemática de rotação adotada foi o esquema 1-2(5), onde o domicílio é entrevistado um mês e sai da amostra por dois meses subsequentes, sendo essa sequência repetida por cinco vezes. O levantamento das informações é realizado por meio de pesquisa pessoal realizada pelo IBGE em domicílios da área de abrangência da pesquisa.

Conforme apontado anteriormente, a taxa de desocupação é um dos principais indicadores divulgados pela PNAD Contínua. No entanto, essa pesquisa traz outros indicadores que se mostram complementares na composição do quadro geral da situação do mercado de trabalho brasileiro. Os indicadores destacados nessa pesquisa são apresentados no Quadro 3.9.

Quadro 3.9 – PNAD Contínua – Principais Indicadores

Indicador	Descrição
Taxa de Desocupação (%)	É a relação porcentual entre as Pessoas Desocupadas e a Força de Trabalho.
Pessoas Ocupadas	Essa população compreende: » Empregados do setor público ou privado, com carteira de trabalho assinada ou não, ou estatutários » Trabalhadores por conta própria » Empregadores » Trabalhadores domésticos, com carteira de trabalho assinada ou não » Trabalhadores familiares auxiliares (pessoas que colaboram no trabalho de seus familiares sem remuneração alguma).

(Continua)

Indicador	Descrição
Nível da Ocupação (%)	Este indicador relaciona o porcentual de Pessoas Ocupadas em relação à População em Idade de Trabalhar (14 anos ou mais).
Pessoas Desocupadas	Pessoas que não estão trabalhando, mas que adotaram alguma providência de forma efetiva para encontrar trabalho, estando disponíveis para assumir a função (caso encontrem). Essa parcela da população é popularmente denominada de desempregados.
Força de Trabalho	Compreende a soma das Pessoas Ocupadas e Desocupadas.
Taxa de Participação da Força de Trabalho (%)	Mede o porcentual de pessoas na Força de Trabalho em relação às Pessoas em Idade de Trabalhar.
Posição na Ocupação e Categoria de Emprego	Relaciona o total de pessoas segmentado de acordo com a posição na ocupação e o tipo de emprego: » Empregados no setor privado com carteira de trabalho assinada » Empregados no setor privado sem carteira de trabalho assinada » Trabalhadores por conta própria » Empregadores » Trabalhadores domésticos » Empregados no setor público (incluindo servidores estatutários e militares).
Grupamentos de Atividades	Esse indicador aponta a evolução da população ocupada de acordo com grupamentos de atividades definidos no Código Nacional de Atividades Econômicas (CNAE), na sua versão 2.0, e agrupados para efeitos de divulgação da PNAD Contínua.
Taxa Composta de Subutilização da Força de Trabalho (%)	Representa o porcentual do total de pessoas Desocupadas, Subocupadas por Insuficiência de Horas Trabalhadas e na Força de Trabalho Potencial relativamente à Força de Trabalho Ampliada (que é dada pelo total da Força de Trabalho acrescida da Força de Trabalho Potencial).

(Continua)

Indicador	Descrição
Pessoas Subutilizadas	Engloba o total de Desocupados mais a Força de Trabalho Potencial e os Subocupados por Insuficiência de Horas.
Pessoas Subocupadas por Insuficiência de Horas Trabalhadas	Representa o total de pessoas que estão ocupadas, que têm uma jornada de trabalho inferior a 40 horas semanais, mas que gostariam de trabalhar mais horas (estando disponíveis para tal).
População Fora da Força de Trabalho	É o total de Pessoas em Idade de Trabalhar que não estão Ocupadas ou Desocupadas (procurando trabalho). Essa parcela corresponde à Força de Trabalho Potencial e às pessoas Fora da Força de Trabalho Potencial (donas de casa que não trabalham fora, adolescentes em idade escolar, aposentados e outras pessoas que não estão interessadas em trabalhar).
Força de Trabalho Potencial	Pessoas de 14 anos ou mais que não participam da Força de Trabalho, mas têm potencial para tal.
Pessoas Desalentadas	São pessoas que compõem um subgrupo da Força de Trabalho Potencial que não realizaram uma procura efetiva por trabalho por considerarem que não conseguiriam trabalho adequado; porque não tinham qualificação ou experiência profissional; por serem consideradas muito jovens ou muito idosas ou porque não existia trabalho na localidade.
Rendimento Médio Real Habitualmente Recebido em Todos os Trabalhos	É dado pelo rendimento bruto real médio a preços da média dos três meses do trimestre que está sendo divulgado, sendo deflacionado pelo IPCA.
Massa de Rendimento Real Habitualmente Recebido em Todos os Trabalhos	É dado pelo total dos rendimentos brutos habitualmente recebidos de todas as pessoas ocupadas em todos os trabalhos no período. O valor é calculado a preços da média dos três meses do trimestre que está sendo divulgado, sendo deflacionado pelo IPCA.

Fonte: IBGE e Elaboração Própria.

A divulgação realizada pelo IBGE mensalmente apresenta o conjunto desses indicadores e comenta sua evolução no período relativamente a períodos anteriores. O press-release publicado na data de divulgação da pesquisa traz uma versão mais resumida desses destaques.

3.9 CADASTRO GERAL DE EMPREGO E DESEMPREGO (CAGED)

Impacto: ★

Onde Obter: www.pdet.mte.gov.br

Divulgação: Mensal, com calendário de divulgação publicado no site do Ministério do Trabalho.

3.9.1 Descrição

O Cadastro Geral de Empregados e Desempregados (CAGED) foi criado no âmbito da lei nº 4.923, de 23/12/1965, quando ficou definida a obrigatoriedade do fornecimento de informações relativas a admissões, desligamento e transferências de empregados. Atualmente, em conjunto com as informações oriundas da Relação Anual de Informações Sociais (RAIS), o CAGED compõe o Programa de Disseminação das Estatísticas do Trabalho (PDET) do Ministério da Economia.

O propósito da criação do CAGED foi de ser um instrumento para acompanhamento e fiscalização no processo de admissão e de desligamento de trabalhadores no âmbito da Consolidação das Leis do Trabalho (CLT). A função é a de assistir trabalhadores que perderam o emprego e subsidiar medidas para evitar o desemprego. A partir de 1986, o Cadastro começou a ser usado como base para o pagamento do seguro-desemprego e, em período mais recente, tornou-se, também, um instrumento de apoio à reciclagem e recolocação profissional.

Por ser um Cadastro que envolve admissões e desligamentos de empregados com carteira assinada, os resultados apresentados pelo CAGED refletem a criação/destruição de empregos no setor formal do mercado de trabalho. Desde janeiro de 2020, o sistema adotou novos procedimentos para declarações de empresas pelo eSocial.

3.9.2 Importância

Os resultados disponibilizados mensalmente pelo Cadastro Geral de Emprego e Desemprego (CAGED) se constituem na principal fonte de informação conjuntural para o mercado de trabalho formal brasileiro. Por conta disso, os resultados disponibilizados representam uma importante peça complementar de análise da conjuntura econômica como um todo e, em particular, da situação do mercado de trabalho.

3.9.3 Como interpretar

A informação de maior destaque gerada pelo CAGED refere-se à geração ou destruição de empregos formais na economia brasileira. Esse resultado é dado pelo saldo de admissões menos o de desligamentos no segmento formal do mercado de trabalho (celetistas). Essa métrica permite a visualização de como o emprego formal está se comportando ao longo do tempo, o que complementa a visão geral acerca do mercado de trabalho brasileiro. Essa medida tende a refletir o grau de aquecimento/desaquecimento relativo da atividade econômica.

Na data da divulgação, o Ministério, além do destaque em relação ao saldo líquido de admissões e desligamentos, publica em seu site um sumário executivo, que traz informações complementares, uma apresentação sobre os resultados, planilhas com dados e um painel de informações.

No sumário executivo, são encontrados os principais resultados do Cadastro para o mês de forma sintética. A abertura de informações nessa publicação traz o estoque, que representa o total de celetistas ativos no mês, os resultados acumulados no ano de admissões, desligamentos e o saldo líquido e o salário médio de admissões. No sumário, é possível visualizar a distribuição das admissões, desligamentos e saldo líquido (em âmbito nacional e regional) e o salário médio de admissão por grupamento econômico (serviços, comércio, indústria geral, construção e agropecuária) e abertura por segmentos de acordo com o Código Nacional de Atividade Econômica (CNAE), em sua versão 2.0. Também é possível visualizar as admissões, desligamentos e saldo líquido no mês por unidade de federação.

Via de regra, o grau de aquecimento relativo da economia tende a afetar diretamente a evolução do saldo de geração de empregos. Isso significa que, em um contexto de aquecimento econômico, esse saldo tende a ser positivo e, em situações de desaquecimento ou recessão, tende a ser negativo.

3.9.4 Detalhando o indicador

Criado no final de 1965, o Cadastrado Geral de Emprego e Desemprego (CAGED) passou por vários aperfeiçoamentos ao longo de sua existência, sendo a última delas relativa à definição de novos procedimentos para declaração das informações das empresas a partir da publicação da Portaria nº 1.127, do Ministério da Economia, em 14/10/2019. A partir disso, o uso do sistema do Cadastro foi substituído pelo Sistema de Escrituração Digital das Obrigações Fiscais, Previdenciárias e Trabalhistas (eSocial) em janeiro de 2020. Órgãos públicos e organizações internacionais que contratam celetistas também ficam obrigados a prestar informações ao sistema.

Os indicadores divulgados mensalmente no Cadastro têm diferentes níveis de desagregação. O Quadro 3.10 apresenta os níveis de desagregação para os indicadores publicados mensalmente no CAGED.

Quadro 3.10 – Cadastro Geral de Emprego e Desemprego (CAGED) – Indicadores

Indicador	Níveis de Desagregação
Admissões, Desligamentos e Saldo	Os resultados desses indicadores são apresentados nas seguintes aberturas: » Geral e por grupamento de atividades econômicas e seção CNAE 2.0 » Âmbito nacional e por nível geográfico » Por municípios » Por unidade da federação, grupamento de atividades econômicas e seção CNAE 2.0.
Salário Médio de Admissão	O Cadastro apresenta as seguintes aberturas para esse indicador em âmbito nacional: » Geral » Por grupamento de atividades econômicas e seção CNAE 2.0.

Fonte: Ministério do Trabalho e do Emprego e Elaboração Própria.

Os indicadores são apresentados para o mês de referência e, para o caso das admissões, desligamentos e saldo, também são apresentados os resultados acumulados no ano.

3.10 REFERÊNCIAS

BANCO CENTRAL DO BRASIL – BCB (2016). Índice de Atividade Econômica do Banco Central (IBC-Br) – Revisão Metodológica. Relatório de Inflação, v. 18, n. 1. Brasília, DF.

BANCO CENTRAL DO BRASIL – BCB (2018). Aspectos Metodológicos e Comparações dos Comportamentos do IBC-Br e do PIB. Estudo Especial n. 3, 2018. Brasília, DF.

FUNDAÇÃO GETULIO VARGAS – FGV (2019). Monitor da Atividade Econômica – Metodologia. Rio de Janeiro, RJ.

INSTITUTO BRASILEIRO DE GEOGRAFIA E ESTATÍSTICA – IBGE (2016). Contas Nacionais Trimestrais – Referência 2010, 3. ed. Série Relatórios Metodológicos, v. 28. Rio de Janeiro, RJ.

INSTITUTO BRASILEIRO DE GEOGRAFIA E ESTATÍSTICA – IBGE (2022). Atualização da Pesquisa Industrial Mensal – Produção Física. Pesquisa Industrial Mensal – Produção Física – PIM-PF – Nota Técnica, jan. 2022. Rio de Janeiro, RJ.

INSTITUTO BRASILEIRO DE GEOGRAFIA E ESTATÍSTICA – IBGE (2015). Atualização Pesquisa Mensal de Comércio. Pesquisa Mensal de Comércio – PMC – Nota Técnica, jan. 2022. Rio de Janeiro, RJ.

INSTITUTO BRASILEIRO DE GEOGRAFIA E ESTATÍSTICA – IBGE. Desemprego. Disponível em: <https://www.ibge.gov.br/explica/desemprego.php>. Acesso em: 12 jul. 2023.

INSTITUTO BRASILEIRO DE GEOGRAFIA E ESTATÍSTICA – IBGE (2015). Indicadores Conjunturais da Indústria – Produção, 2. ed. Série Relatórios Metodológicos, v. 31. Rio de Janeiro, RJ.

INSTITUTO BRASILEIRO DE GEOGRAFIA E ESTATÍSTICA – IBGE. Pesquisa Mensal de Comércio – Conceitos e Métodos. Disponível em: <https://www.ibge.gov.br/estatisticas/economicas/comercio/9227-pesquisa-mensal-de-comercio.html?=&t=conceitos-e-metodo>. Acesso em: 11 jul. 2023.

INSTITUTO BRASILEIRO DE GEOGRAFIA E ESTATÍSTICA – IBGE (2020). Pesquisa Mensal de Serviços, 2. ed. Série Relatórios Metodológicos, v. 42. Rio de Janeiro, RJ.

INSTITUTO BRASILEIRO DE GEOGRAFIA E ESTATÍSTICA – IBGE. Pesquisa Nacional por Amostra de Domicílios Contínua – PNAD Contínua – Conceitos e Métodos. Disponível em: <https://www.ibge.gov.br/estatisticas/sociais/trabalho/9171-pesquisa-nacional-por-amostra-de-domicilios-continua-mensal.html?edicao=37258&t=conceitos-e-metodos>. Acesso em: 12 jul. 2023.

INSTITUTO BRASILEIRO DE GEOGRAFIA E ESTATÍSTICA - IBGE (2020). Pesquisa Nacional por Amostra de Domicílios Contínua - PNAD Contínua - Diferenças Metodológicas entre o CAGED e a PNAD Contínua. Nota Técnica, set. 2020. Rio de Janeiro, RJ.

INSTITUTO BRASILEIRO DE GEOGRAFIA E ESTATÍSTICA - IBGE (2013). Pesquisa Nacional por Amostra de Domicílios Contínua - PNAD Contínua - Divulgação dos Primeiros Resultados. Nota Técnica, dez. 2013. Rio de Janeiro, RJ.

INSTITUTO BRASILEIRO DE GEOGRAFIA E ESTATÍSTICA - IBGE (2016). Pesquisa Nacional por Amostra de Domicílios Contínua - PNAD Contínua - Medidas de Subutilização da Força de Trabalho. Nota Técnica, set. 2016. Rio de Janeiro, RJ.

INSTITUTO BRASILEIRO DE GEOGRAFIA E ESTATÍSTICA - IBGE (2023). Pesquisa Nacional por Amostra de Domicílios Contínua - PNAD Contínua - Notas Técnicas PNAD - versão 1.13, ed. 2023. Rio de Janeiro, RJ.

INSTITUTO BRASILEIRO DE GEOGRAFIA E ESTATÍSTICA - IBGE (2015). Pesquisa Nacional por Amostra de Domicílios Contínua - PNAD Contínua - Principais Diferenças Metodológicas entre a PME, PNAD e PNAD Contínua. Nota Técnica, nov. 2015. Rio de Janeiro, RJ.

MINISTÉRIO DO TRABALHO E EMPREGO - MTE. O que é CAGED? Disponível em: <http://pdet.mte.gov.br/o-que-e-caged>. Acesso em: 12 jul. 2023.

MINISTÉRIO DO TRABALHO E EMPREGO - MTE. O que é Novo CAGED? Disponível em: <http://pdet.mte.gov.br/o-que-e-novo-caged>. Acesso em: 12 jul. 2023.

MINISTÉRIO DO TRABALHO E EMPREGO - MTE (2020). Substituição da Captação dos Dados pelo eSocial. Nota Técnica, maio de 2020. Brasília, DF.

CAPÍTULO 4

TAXAS DE JUROS, CRÉDITO E MOEDA

4.1 INTRODUÇÃO

As taxas de juros desempenham um papel fundamental nas economias modernas, sendo cruciais em termos de alocação dos recursos. No Brasil, existem diferentes taxas de juros, definidas de acordo com a natureza das operações acerca das quais são direcionadas.

Do ponto de vista da política monetária, o Banco Central define o patamar da taxa básica de juros visando o controle da inflação. O nível dos juros influencia diretamente o consumo e os investimentos das empresas na economia e, com isso, afeta a demanda. Isso determina um maior ou menor nível de crescimento da produção e da renda.

Os juros também afetam outras variáveis na economia, como a alocação dos investimentos financeiros e a taxa de câmbio, uma vez que o nível dos juros define o quão atrativa é a renda fixa para investimentos estrangeiros.

A evolução do crédito está conectada ao patamar dos juros na economia. Em ciclos de baixa de juros, as condições do crédito tendem a melhorar e o volume tende a expandir, ocorrendo o inverso em momentos de alta dos juros.

O comportamento dos agregados monetários, que são ligados diretamente à expansão da moeda na economia, também é influenciado pelos movimentos da taxa de juros.

Neste capítulo, apresentaremos algumas das principais taxas de juros presentes na economia brasileira, bem como os principais indicadores de crédito e de agregados monetários.

4.2 TAXA DE JUROS SELIC (TAXA SELIC)

Impacto: ★★★

Onde Obter: www.bcb.gov.br

Divulgação: Diária.

4.2.1 Descrição

A Taxa de Juros Selic (ou, simplesmente, Taxa Selic) é a taxa básica de juros da economia brasileira. Essa taxa é o principal instrumento de política monetária que o Banco Central utiliza para o controle da inflação.

A Taxa Selic é formada a partir das operações de empréstimo de um dia entre instituições financeiras; os títulos públicos federais representam a garantia nessas operações. A Taxa Selic também é conhecida como sendo a taxa do *overnight* ou Selic *Over*. Como esse tipo de operação é de baixíssimo risco (o prazo é de apenas um dia útil, e a garantia é dada por títulos públicos federais), a taxa de juros cobrada representa o menor valor com o qual uma instituição financeira pode se financiar para tomar empréstimos. Por conta disso, a Taxa Selic também é conhecida como taxa básica de juros, ou seja, ela representa o piso das demais taxas cobradas no mercado.

Em razão disso, as mudanças na Taxa Selic influenciam as demais taxas de juros praticadas no mercado (inclusive as de operações de financiamentos e empréstimos). Uma elevação dessa taxa significa que o custo de financiamento de um dia das instituições financeiras subiu, e essa elevação será refletida nas demais taxas praticadas pelas instituições. De maneira inversa, uma redução da Taxa Selic significa que o custo dos empréstimos de um dia das instituições financeiras caiu e, pelo efeito competição existente no mercado, essa redução acaba sendo repassada às demais taxas de juros praticadas no mercado (ou seja, ocorre uma redução nas taxas de juros na ponta do empréstimo).

O Comitê de Política Monetária (Copom) do Banco Central define, em suas reuniões realizadas periodicamente, a meta da Taxa Selic[1] (também conhecida

[1] Um equívoco comum é imaginar que a Taxa Selic seja definida pelo Copom e permaneça nesse patamar. Na verdade, a Taxa Selic é formada nas operações entre as instituições financeiras. O Comitê, a partir de sua análise sobre o estado da economia, define a meta dessa taxa, e o BC atua no mercado de forma a administrar a liquidez do sistema e a manter a taxa no patamar estabelecido.

como Selic Meta). O BC atua no mercado emprestando ou tomando recursos por um dia, de forma a manter a Taxa Selic próxima à meta estabelecida.

O termo Selic advém da sigla do Sistema Especial de Liquidação e Custódia, que é a infraestrutura administrada pelo Banco Central em que ocorrem as transações envolvendo títulos públicos federais. Como as operações de empréstimo de um dia tendo como garantia títulos públicos envolvem negociações de ativos no âmbito desse sistema, o registro é realizado nele, sendo a taxa de juros formada nesse processo.

A Taxa Selic é divulgada em termos anualizados, mas é formada em dias úteis. Isso significa que, para obter o fator diário, deve-se, utilizando a fórmula de juros compostos, somar 1 ao valor da taxa em termos unitários (dividindo a taxa porcentual por 100), elevar esse valor a 1/252 (são 252 dias úteis de mercado por ano). Para obter a taxa em valores unitários, deve-se subtrair 1 desse cálculo e multiplicar por 100 esse valor para obter a taxa diária em termos porcentuais (vide exemplo adiante).

4.2.2 Importância

A Taxa Selic é uma das taxas de juros mais (senão a mais) importantes do mercado financeiro brasileiro. Isso decorre do fato não apenas de que ela representa a taxa das operações de empréstimo de um dia entre instituições financeiras, tendo por garantia títulos públicos, mas também porque baliza as demais taxas praticadas no mercado financeiro.

Sob essa perspectiva, as mudanças na Taxa Selic, em última instância, afetam as taxas de empréstimo praticadas no sistema financeiro. Isso significa que o consumo e os investimentos produtivos são afetados, ainda que indiretamente, por variações na Selic. Dessa forma, a taxa afeta a demanda agregada, o crescimento do PIB e, em última análise, a inflação.

Adicionalmente, a Taxa Selic também referencia as operações em renda fixa (fundos de investimentos, CDBs etc.) no país. Isso decorre do fato de que o patamar dessa taxa acaba influenciando o nível da Taxa DI[2], que é o referencial (*benchmark*) das aplicações em renda fixa brasileiras.

Por conta disso, o mercado futuro de DI também acaba sendo impactado pelo comportamento da Selic, uma vez que mudanças nesta taxa acabam se refletindo na Taxa DI. Em outras palavras, o comportamento esperado da Taxa Selic acaba influenciando a curva de juros do DI futuro. Dessa forma,

2 Vide seção sobre Taxa DI para compreender as especificidades dessa taxa de juros.

as instituições financeiras despendem muitos recursos em áreas de pesquisa econômica para tentar gerar as melhores projeções sobre a Taxa Selic e, assim, obter ganhos no mercado futuro de DI.

O efeito da Selic sobre a renda fixa acaba, indiretamente, também afetando a taxa de câmbio. A elevação da Taxa Selic torna mais atrativas as aplicações na renda fixa brasileira em relação ao resto do mundo. Isso tende a atrair investimentos financeiros direcionados para esse segmento, aumentando a oferta de dólares no mercado de câmbio que, por sua vez, tende a levar a uma diminuição na cotação do dólar. O inverso tende a acontecer se a Taxa Selic cair, pois a rentabilidade relativa das aplicações em renda fixa cairá, tornando o Brasil menos atrativo para esse tipo de aplicação em relação ao resto do mundo.

Por fim, também é importante mencionar que a Taxa Selic afeta as contas públicas. Uma alta dessa taxa aumenta os juros pagos pelo governo federal sobre a dívida pública, dado que uma parte dos títulos utiliza a Selic como indexador de rentabilidade. Adicionalmente, uma Selic mais elevada afeta esse tipo de despesa de títulos públicos indexados a outros fatores de remuneração, uma vez que o mercado passará a cobrar juros mais altos para financiar o governo por conta da elevação da Selic. Dessa forma, uma elevação da Selic gera uma piora no resultado nominal do governo (que incorpora a despesa de juros da dívida pública), afetando, assim, o comportamento da dívida pública.

4.2.3 Como interpretar

A Taxa Selic é divulgada diariamente pelo Banco Central em seu site. Nessa divulgação, o BC apresenta a taxa expressa em termos anualizados, o fator diário (que corresponde à taxa anualizada em termos unitários somada a 1 e elevada a 1/252), o volume financeiro da base de cálculo em reais e estatísticas como a moda, mediana, desvio padrão e o índice de curtose[3] das operações no dia.

Uma Selic mais elevada aumenta o custo das instituições financeiras se financiarem por um dia, tendo como garantia títulos públicos federais. Isso é repassado às demais taxas do sistema financeiro, com magnitudes e defasagens distintas. Inversamente, a queda da Taxa Selic torna esse tipo de financiamento mais barato, levando à redução das demais taxas praticadas no

[3] Em estatística descritiva, a curtose mede o grau de achatamento da curva de distribuição das observações.

mercado. O Quadro 4.1 sintetiza os efeitos da Taxa Selic sobre os diferentes mercados e segmentos da economia brasileira.

Quadro 4.1 – Efeitos da Taxa Selic em Diferentes Segmentos

Atividade Econômica e Inflação	As variações na Taxa Selic afetam as taxas de juros praticadas na ponta do empréstimo. Com isso, o consumo das famílias e os investimentos produtivos são afetados. Isso gera efeitos sobre a demanda da economia como um todo e, por consequência, na inflação. Há uma defasagem considerável (de alguns trimestres) entre as mudanças na Selic e seus efeitos sobre a atividade econômica e a inflação.
Contas Públicas	Mudanças na Taxa Selic afetam a despesa de juros que o governo paga sobre os títulos públicos. Com isso, o resultado nominal do governo, que incorpora a despesa de juros sobre a dívida pública, é afetado pelo comportamento da taxa e, em última instância, a evolução da dívida pública também.
Renda Fixa	O comportamento da Taxa Selic afeta diretamente a Taxa de Juros DI, uma vez que esta última também diz respeito a operações de baixo risco e de curtíssimo prazo entre instituições financeiras. Uma vez que a Taxa DI é a referência das operações em renda fixa no Brasil, as mudanças na Selic afetam diretamente a rentabilidade dessas operações.
Taxa de Câmbio	As mudanças na Selic afetam a rentabilidade da renda fixa no mercado brasileiro, tornando as aplicações nesse segmento mais ou menos atrativas em relação às verificadas no resto do mundo. Quanto mais atrativo esse tipo de aplicação no Brasil (ou seja, quanto maior a Selic), tudo o mais constante, maior o ingresso de recursos externos no país para aplicações na renda fixa. Com isso, a tendência é que a cotação do dólar caia. O inverso ocorre em um contexto de redução da taxa Selic.
Mercado Futuro	O mercado futuro realiza negociações de contratos futuros baseados na Taxa DI (DI Futuro). Dado que as mudanças na Selic afetam a Taxa DI, o comportamento da curva de juros dos contratos de DI Futuro fica, em boa medida, condicionado às expectativas da Taxa Selic no futuro. Isso significa que mudanças acerca dessas expectativas afetam o comportamento da curva de juros do DI Futuro, gerando ganhos ou perdas para investidores.
Bolsa de Valores e Outros Investimentos	Variações na Taxa Selic afetam a rentabilidade da renda fixa, tornando-a mais ou menos atrativa em relação às demais aplicações financeiras no Brasil. Uma elevação da Selic indica que a atividade econômica irá desacelerar, afetando o resultado das empresas. Isso tende a tornar menos atrativa a aplicação em ações. Raciocínio similar ocorre com as aplicações na caderneta de poupança, que tendem a se tornar menos atrativas com a alta dos juros. O oposto ocorre na Bolsa e na poupança a partir de reduções da Selic.

Fonte: Elaboração Própria.

4.2.4 Detalhando o indicador

A Taxa Selic (ou Selic Over) formada no mercado pode apresentar níveis distintos daquela definida periodicamente pelo Copom (a Taxa Selic Meta). Isso decorre das flutuações de liquidez no mercado monetário. No entanto, esses desvios tendem a ser relativamente baixos, uma vez que o Banco Central, sendo o monopolista de emissão da moeda, atua nesse mercado de tal sorte a manter a Selic próxima ao patamar definido pelo Copom.

A taxa de juros Selic tem seu valor apurado diariamente, considerando a média ponderada pelo volume das operações compromissadas de um dia com lastro em títulos públicos federais. Conforme dito anteriormente, essa taxa é divulgada em termos anualizados (9% a.a., por exemplo). Contudo, ela é formada considerando o mercado aberto, o que ocorre apenas nos dias úteis. A convenção no Brasil é de que existem 252 dias úteis no mercado financeiro ao longo do ano. Isso significa que, para se conhecer o fator diário, a taxa deve ser elevada a 1/252. Por exemplo, se a taxa de juros Selic em um determinado dia fechou em 9% a.a., isso significa que o fator de acúmulo diário da taxa será dado pela seguinte fórmula:

$$Fator\ Diário = (1 + 0{,}09)^{(1/252)} = 1{,}000342033$$

Isso significa que os valores a serem corrigidos pela taxa de juros Selic nesse dia terão de ser multiplicados por esse fator. O valor de R$1 milhão, por exemplo, corrigido por essa taxa, passaria a ser R$1.000.342,03 no dia seguinte.

Para entender a dinâmica dessa taxa e como o Banco Central age de forma a levá-la ao patamar que deseja (definido na meta), é importante entender que o BC realiza operações no mercado aberto junto às instituições financeiras, comprando e vendendo títulos públicos para controlar a liquidez existente no sistema financeiro. Com isso, ele influencia as taxas de juros praticadas pelas instituições em suas diferentes operações.

As transações de compra e venda realizadas pelo Banco Central no mercado envolvendo títulos públicos federais podem ser definitivas ou compromissadas, com diferentes prazos. Esse processo permite ao Banco Central controlar sistematicamente a oferta monetária, afetando diretamente o volume de reservas bancárias nas instituições financeiras.

As reservas bancárias são utilizadas pelas instituições para liquidar operações interbancárias ou entre os bancos e o Tesouro Nacional ou o Banco Central. O nível total de reservas bancárias presente no sistema pode flutuar de acordo com a ocorrência de eventos capazes de se traduzir na diminuição ou no aumento da oferta monetária. Se o Tesouro Nacional ou o Banco Central vendem títulos públicos no mercado, isso significa que parte das reservas bancárias sairá do sistema na liquidação da operação (o inverso ocorre se o Tesouro ou o Banco Central compram títulos). Da mesma forma, quando ocorre o recolhimento de tributos, os recursos saem do sistema e são alocados no caixa do Tesouro Nacional. O movimento inverso ocorre quanto o Tesouro efetua seus gastos (pagamento de salários de servidores públicos, por exemplo), uma vez que isso representa um aumento das reservas bancárias que tem como origem uma saída de recursos do caixa do Tesouro. As operações de compra e venda de moeda estrangeira realizadas pelas instituições no Banco Central também implicam oscilações nas reservas bancárias. Por fim, saques ou depósitos por parte do público nos bancos comerciais também fazem com que as reservas bancárias flutuem no sistema. Os principais fatores que afetam as reservas dos bancos são sintetizados na Figura 4.1.

Figura 4.1 – Flutuações nas Reservas Bancárias

Principais Fatores que Afetam as Reservas Bancárias:

- *Compra e venda de títulos públicos pelo Tesouro Nacional e pelo Banco Central*
- *Recolhimento de Tributos*
- *Gastos do Tesouro Nacional*
- *Operações de Câmbio*
- *Movimento de Moeda Manual pelo Público*

Fonte: Elaboração própria.

As flutuações nas reservas bancárias afetam diretamente as taxas de juros praticadas pelas instituições financeiras em diferentes operações. Uma queda no volume de reservas no sistema significa que as mesmas se tornaram mais escassas. Com isso, as operações de financiamento entre as instituições tenderão a apresentar um custo mais elevado, o que se traduz em uma elevação nas taxas de juros efetivadas nessas operações. De maneira inversa, um aumento no volume de reservas no sistema significa que as mesmas ficaram mais abundantes. Dessa forma, as operações de financiamento entre as instituições tenderão a ter um custo menor, o que se materializa por meio de uma redução das taxas de juros praticadas nessas operações.

As oscilações nas reservas bancárias também afetarão diretamente a taxa de juros Selic: uma diminuição nas reservas provocará um aumento na taxa e o inverso ocorrerá com o aumento de reservas nos bancos.

Os movimentos que ocorrem na taxa Selic afetarão as demais taxas praticadas pelas instituições financeiras, uma vez que ela representa a taxa da operação de financiamento de menor custo para as instituições financeiras.

O Banco Central monitora essas operações e as taxas praticadas no mercado, avaliando sua compatibilidade com a meta estabelecida pelo Comitê.

Uma vez definida a meta da taxa Selic pelo Copom, o Banco Central tem como foco administrar a liquidez do sistema de tal sorte que as taxas de juros praticadas nas operações compromissadas de financiamento de um dia entre instituições financeiras e que envolvam títulos públicos federais se situem na meta estabelecida (ou próximo a ela). Isso significa que se a taxa de juros dessas operações começar a se desviar da meta definida pelo Banco Central (por força de flutuações nas reservas bancárias), ele atuará de forma a controlar a liquidez mediante operações no mercado aberto, para fazer com que a taxa volte ao patamar definido como meta.

Por exemplo, se a taxa Selic começar a cair ao longo do dia, isso significa que há um excesso de liquidez no sistema. Isso ocorrerá por força de um aumento das reservas bancárias, possivelmente afetada por alguns dos fatores descritos anteriormente. Nessa situação, caso o Banco Central queira trazer a taxa Selic de volta para a meta, ele deverá realizar uma operação no mercado aberto vendendo títulos e, com isso, diminuindo o volume de reservas nos bancos. Para afetar diretamente a taxa Selic, o Banco Central deverá fazer uma intervenção no mercado aberto, realizando operações compromissadas de um dia de venda de títulos públicos de sua carteira à taxa no nível da meta da Selic. As instituições que estão emprestando reservas bancárias nessa situação preferirão realizar operações com o Banco Central, que tomará emprestado recursos acima da taxa praticada no mercado naquele momento. Os bancos que estão na ponta tomadora de recursos, por sua vez, só conseguirão realizar operações compromissadas de um dia envolvendo títulos à taxa igual ou superior à que o Banco Central está tomando emprestado. Na prática, o Banco Central, por intermédio dessas operações, consegue trazer a Selic de volta à meta, diminuindo a oferta de moeda e colocando títulos públicos no sistema.

Se as taxas praticadas nas operações compromissadas de um dia entre as instituições financeiras envolvendo títulos públicos se desviarem da meta estabelecida pelo Copom, o Banco Central pode atuar no mercado. Uma eventual queda na taxa Selic nas operações realizadas no mercado aberto estaria associada a um aumento da liquidez no sistema. Nessa situação, o Banco

Central, caso julgue necessário, realizaria uma intervenção no mercado, vendendo títulos públicos em operações compromissadas de um dia junto às instituições financeiras e retirando liquidez do sistema. Com isso, a taxa de juros Selic subiria, voltando a se aproximar da meta definida pelo Copom.

Inversamente, se a taxa de juros Selic começar a subir, isso significa que há escassez de reservas bancárias, que pode ter sido provocada por algum dos fatores descritos anteriormente. Nessa situação, para trazer a taxa Selic de volta à meta, o Banco Central deve atuar no mercado aberto comprando títulos públicos em operações compromissadas de um dia à taxa no nível da meta estabelecida. As instituições que estão tomando empréstimos nesse tipo de operação preferirão tomar recursos junto ao Banco Central, que está praticando taxas menores. Os bancos que estão realizando empréstimos nessas condições, por sua vez, só conseguirão efetivar operações a taxas iguais ou inferiores às praticadas pelo Banco Central. Na prática, o Banco Central traz a Selic de volta à meta, aumentando a oferta monetária e retirando títulos públicos do sistema. Note-se que, nessa ação, o BC aumenta a liquidez do sistema, uma vez que a operação representa uma compra de títulos que estavam na carteira dos bancos, que receberam recursos (reservas) pela sua venda.

As operações em mercado aberto, definitivas ou compromissadas, representam o principal instrumento de controle da liquidez do Banco Central. Por meio dessas operações, ele consegue afetar as taxas de juros de curto prazo formadas nesse mercado. Com isso, ele também controla a oferta de moeda, que passa a ser determinada em função das flutuações da liquidez e do nível de juros desejado pelo Banco Central.

Dessa forma, o Banco Central, via intervenções no mercado, colocando ou retirando liquidez, administra o nível da taxa Selic de modo a deixá-la no patamar definido pelo Comitê de Política Monetária (Copom).

4.3 TAXA DI

Impacto: ★★★

Onde Obter: www.b3.com.br

Divulgação: Dias úteis.

4.3.1 Descrição

A Taxa DI é a taxa de juros média ponderada formada a partir das operações de empréstimo de um dia útil entre instituições financeiras (sendo considerada uma taxa *over*), tendo como base as operações de emissão de Depósitos Interfinanceiros pré-fixados. São consideradas para efeito de cálculo dessa taxa apenas as operações do mercado interbancário efetuadas entre instituições financeiras de conglomerados distintos.

Conforme determinação do Banco Central, essas operações são registradas e liquidadas no sistema da B3 (uma instituição privada que atualmente incorpora a Bolsa de Valores, a Bolsa de Mercadoria e Futuros e a CETIP, que faz a custódia de títulos privados e públicos.

Apesar de ser uma taxa apurada por dia útil (*over*), a Taxa DI é usualmente expressa em termos anualizados. Para se obter o fator de remuneração diário dessa taxa, deve-se somar 1 à taxa unitária (taxa porcentual dividida por 100) e elevar a 1/252 (como a taxa é formada apenas em dias úteis, considera-se o ano de 252 dias, que é o número de dias úteis em mercado em 1 ano).

A taxa DI, por ser uma taxa de curtíssimo prazo (um dia útil apenas) em operações de empréstimo de grandes conglomerados financeiros, também é considerada, assim como a Taxa Selic, uma taxa de baixíssimo risco. Por conta disso, a Taxa DI e a Taxa Selic tendem a se situar no mesmo patamar diariamente.

4.3.2 Importância

A Taxa DI, além de ser a taxa das operações de empréstimo de um dia entre instituições financeiras com emissão de DI pré-fixado, é o referencial (*benchmark*) das operações de renda fixa no mercado financeiro brasileiro. Isso envolve empréstimos, negociações de títulos privados e investimentos na modalidade renda fixa. Tal fato a torna uma das taxas de juros mais importantes da economia brasileira.

Em geral, as operações e aplicações de renda fixa envolvem um porcentual da Taxa do DI em que, quanto maior o risco envolvido, mais elevado esse porcentual (ele será tanto menor quanto menos risco embutir na operação ou aplicação financeira).

Essa taxa, por ser o *benchmark* da renda fixa e ter baixíssimo risco, também é utilizada no cálculo do risco de investimentos e aplicações financeiras.

Dentre os produtos bancários que utilizam a Taxa DI como referencial (*benchmark*), temos os Certificados de Depósito Bancário (CDBs), as Letras de Crédito Imobiliário (LCI), as Letras de Crédito do Agronegócio (LCA) e os fundos de investimento em renda fixa.

4.3.3 Como interpretar

A Taxa DI é divulgada em termos anualizados, e o cálculo do fator diário de remuneração dessa taxa segue a seguinte fórmula:

$$Fator\ Diário = (1 + \frac{DI_t}{100})^{(1/252)}$$

Onde DI_t é a taxa de juros DI calculada para o dia t.

Por ser uma taxa de referência de remuneração de aplicações financeiras em renda fixa e de outras operações, o comportamento da Taxa DI afeta diretamente esses negócios. Em outras palavras, quanto mais elevada a taxa, maior a rentabilidade das aplicações de renda fixa e mais elevada a taxa de operações que a utilizam como referência. O inverso ocorre se a Taxa DI for reduzida.

Por conta disso, as aplicações tendem a migrar de modalidade, entre renda fixa, renda variável, poupança etc., à medida que a Taxa DI varia. Isso significa que o patamar da taxa (e suas perspectivas adiante) tendem a influenciar o direcionamento das aplicações financeiras no mercado.

Note-se que esse fenômeno pode ser estendido em âmbito internacional, uma vez que a rentabilidade da renda fixa brasileira em relação à observada em outras economias tende a atrair (ou não) investidores externos.

4.3.4 Detalhando o indicador

Conforme apontado anteriormente, a Taxa DI é formada a partir das operações de empréstimo de um dia entre instituições financeiras com a emissão de Depósitos Interfinanceiros.

Por ser uma taxa de baixo risco, a Taxa DI situa-se em patamar muito próximo ao da Taxa Selic diariamente. Isso significa que as duas taxas se movem na mesma direção ao longo do tempo.

Por conta disso, a Taxa DI é confundida, em muitos casos, com a Taxa Selic, o que é um erro. Embora elas sejam formadas a partir de operações de empréstimo de um dia entre instituições financeiras, a natureza da garantia da operação, seu registro e liquidação são distintos. No caso da Taxa Selic, a garantia da operação é dada por títulos públicos federais e toda operação é registrada no sistema da Selic, administrado pelo Banco Central. No caso da

Taxa DI, a operação envolve a emissão de um DI de um dia, sendo registrada e liquidada no âmbito do sistema da B3.

Dado que o Banco Central define a meta da Taxa Selic e atua de forma a mantê-la nesse patamar, isso significa que as decisões do Copom afetam não apenas a Selic, mas também a Taxa DI, que acompanha os movimentos observados na taxa básica de juros. Em outras palavras, as decisões do Comitê de Política Monetária do BC quanto à meta da Selic afetam, via Taxa DI, a rentabilidade das operações em renda fixa do país.

Em tese, pelo fato da Selic envolver ativos do agente mais livre de risco do país (títulos públicos do Tesouro Nacional) como garantia, ela deveria ser ligeiramente menor que a Taxa DI. Devido a distorções do mercado financeiro, a Taxa DI, em algumas circunstâncias, situou-se abaixo da Selic, o que trouxe muita controvérsia. Para corrigir isso, desde 2018 o cálculo da Taxa DI deve respeitar duas condições:

- O número de operações elegíveis para o cálculo da Taxa DI for igual ou superior a 100; e
- O total dos volumes das operações elegíveis para o cálculo da Taxa DI for igual ou superior a R$30 bilhões.

Caso uma dessas duas condições não for preenchida no dia, a Taxa DI será igual à Taxa Selic *Over* desse dia.

Por fim, a B3 divulga um conjunto de estatísticas complementares acerca da Taxa DI diária. As estatísticas divulgadas são:

- Moda
- Mediana
- Taxa Mínima
- Taxa Máxima
- Variância
- Desvio Padrão
- Coeficiência de Assimetria
- Curtose

4.4 TAXA REFERENCIAL DE JUROS (TR)

Impacto: ★

Onde Obter: www.bcb.gov.br

Divulgação: Diária e mensal.

4.4.1 Descrição

No início dos anos 1990, antes do Plano Real, a inflação brasileira atingiu níveis superiores a 2.000%. Nesse ambiente, existiam vários índices que corrigiam diferentes ativos financeiros.

A Taxa Referencial de Juros (TR) foi criada pelo governo Collor em 1991, tendo como objetivo se constituir em um instrumento de substituição dos diversos índices de indexação utilizados no mercado. Adicionalmente, o governo da época esperava que a TR se tornasse a taxa básica de juros da economia, sendo o referencial para os juros dos ativos e passivos financeiros. Durante anos, a TR mensal foi *pro rateada* para dias úteis, formando a TD diária (ou TRD). Esse procedimento foi extinto ainda na primeira metade dos anos 1990.

Atualmente, a TR é utilizada como uma taxa de juros e fator de correção para determinadas operações e ativos financeiros, e a taxa básica de juros da economia brasileira é dada pela Taxa Selic.

A TR é informada pelo Banco Central e tem uma fórmula de cálculo específica. Atualmente, a TR é calculada com base no valor da Taxa Básica Financeira (TBF), que compreende a taxa média ponderada diária dos juros pagos em negociações envolvendo Letras do Tesouro Nacional (LTNs) no mercado secundário de títulos públicos. A Taxa Básica Financeira (TBF) é divulgada diariamente pelo Banco Central.

A partir do valor da TBF, é calculado, por meio de uma fórmula, o Redutor (R). Esse Redutor é aplicado à fórmula final da TR, que relaciona a TBF dividida pelo Redutor encontrado na fórmula anterior. Esse cálculo é feito diariamente, uma vez que a TBF é divulgada nos dias úteis. A TR mensal é obtida a partir do valor acumulado das TRs diárias e divulgada pelo Banco Central.

4.4.2 Importância

A Taxa Referencial (TR) foi criada com a expectativa de se tornar uma taxa básica de juros de referência para ativos e passivos financeiros no início dos anos 1990. Ao longo do tempo, o uso da TR ficou cada vez mais restrito a operações específicas. Atualmente, essa taxa é utilizada no cálculo da remuneração da caderneta de poupança, cujo rendimento é de 0,5% ao mês + TR quando a Taxa Selic estiver acima de 8,5% a.a.[4]

A TR também é utilizada para corrigir os saldos do Fundo de Garantia por Tempo de Serviço (FGTS). Esse fundo tem rendimento por lei de 3% a.a. e correção mensal dos saldos pela TR.

Alguns títulos públicos, como a NTN-H e a NTN-P, utilizavam a TR como índice de correção. No entanto, essas séries de Notas do Tesouro não são mais emitidas, não havendo impacto da taxa sobre novos títulos emitidos. Contudo, investidores que compraram esses títulos no passado ainda podem tê-los em seu portfólio de investimentos.

Adicionalmente, a TR também é utilizada para corrigir o financiamento imobiliário em operações que envolvem juros fixos cobrados pelo banco e a correção pela Taxa Referencial. Alguns títulos de capitalização negociados por bancos podem envolver a TR como indexador de correção.

4.4.3 Como interpretar

A Taxa Referencial (TR) deve ser interpretada como uma taxa de juros cujo comportamento afeta diretamente a rentabilidade e a correção de aplicações e ativos financeiros atrelados a essa taxa. Isso significa que a elevação da TR leva a um aumento da correção dos saldos de poupança e do FGTS e torna mais caro o financiamento imobiliário de operações que utilizem a TR como indexador. O inverso ocorre se a taxa cair, diminuindo o fator de correção das operações atreladas a esse indexador.

Uma vez que a TR é calculada a partir da TBF, as variações desta última afetam diretamente o valor da Taxa Referencial. Como a TBF tem seu valor determinado a partir de taxa de juros negociada no mercado secundário com Letras do Tesouro Nacional (LTN), as oscilações da taxa básica de juros, a Selic, acabam por influenciar a TBF e, em última instância, a TR.

---

4 Se a Taxa Selic for igual ou inferior a 8,5% a.a., a remuneração da caderneta de poupança passa a ser equivalente a 70% do valor da Taxa Selic.

Isso pode levar a situações como a zeragem da TR, como se verificou entre o último trimestre de 2017 e o final de 2021. Nesse período, por conta do baixo patamar da Selic, a TR permaneceu zerada.

4.4.4 Detalhando o indicador

A Taxa Referencial (TR) é calculada e divulgada pelo Banco Central, tendo uma metodologia de cálculo específica. A taxa é calculada a partir da TBF, cujo valor é definido a partir das taxas de juros das transações de LTN no mercado secundário em dias úteis.

Para se obter a TR do dia, aplica-se um Redutor (R), que é definido pela seguinte fórmula:

$$R = (a + b\frac{TBF}{100})$$

Onde:
a é igual a 1,005; e
b é definido de acordo com o patamar da TBF para o dia, de acordo com os valores expressos na Tabela 4.1

Tabela 4.1 – TBF (% a.a.) e Valores de b

TBF (% a.a.)	b
TBF > 16,0	0,48
15,0 < TBF ≤ 16,0	0,44
14,0 < TBF ≤ 15,0	0,40
13,0 < TBF ≤ 14,0	0,36
10,5 ≤ TBF ≤ 13,0	0,32
10,0 ≤ TBF < 10,5	0,31
9,5 ≤ TBF < 10,0	0,26
TBF < 9,5	0,23

Fonte: BCB e Elaboração Própria.

Uma vez definido o valor do Redutor (R), a TR é calculada a partir do valor máximo obtido pela seguinte fórmula:

$$TR = max \{0 ; 100 \times \{[(1 + TBF/100) / R] - 1\}\} \ (\%)$$

Conforme mencionado anteriormente, com as reduções da Selic entre 2017 e 2021, a aplicação do Redutor levou a TR a ficar zerada nesse período.

4.5 TAXA DE LONGO PRAZO (TLP)

Impacto: ★

Onde Obter: www.bndes.gov.br

Divulgação: Mensal.

4.5.1 Descrição

A Taxa de Longo Prazo (TLP) foi criada em 2017 para substituir a Taxa de Juros de Longo Prazo (TJLP) nas operações de financiamento do Banco Nacional de Desenvolvimento Econômico e Social (BNDES).

A metodologia de cálculo da TLP incorpora a TLP Pré, divulgada pelo Banco Central em bases mensais, acrescida do IPCA.

Essa taxa passou a ser utilizada nos novos contratos do BNDES firmados a partir de janeiro de 2018.

4.5.2 Importância

A TLP se constitui no instrumento de juros das principais operações de financiamento de longo prazo no Brasil voltadas para investimentos (particularmente para a aquisição de máquinas e equipamentos).

Sob essa perspectiva, o elevado patamar de juros praticados após o lançamento do Real, em junho de 1994, representava um entrave para a realização de investimentos produtivos de longo prazo no país.

O primeiro passo para corrigir essa problemática foi dado pela criação, ainda em 1994, da Taxa de Juros de Longo Prazo (TJLP), voltada para operações de financiamento do BNDES. O cálculo da TJLP incorporava a meta de inflação, a taxa de juro real internacional e o prêmio de risco Brasil.

Como uma forma de tornar a taxa mais próxima da realidade dos juros praticados no mercado brasileiro, o governo criou a TLP, que incorpora o IPCA, acrescida da taxa de juros real das Notas do Tesouro Nacional-Série B (NTN-B) de cinco anos. O cálculo é realizado pelo Banco Central e divulgado mensalmente pelo BNDES.

4.5.3 Como interpretar

A TLP é utilizada, predominantemente, em contratos firmados pelo BNDES para suas operações de financiamento. Uma elevação dessa taxa, naturalmente, torna mais caro esse tipo de operação, afetando a demanda por novos investimentos. O inverso ocorre caso a TLP registre uma queda.

4.5.4 Detalhando o indicador

A metodologia de cálculo da Taxa de Longo Prazo (TLP) prevê que ela seja constituída da seguinte forma:

$$TLP = (1 + IPCA) \times (1 + TLP\text{-}Pré) - 1$$

A parcela relativa à TLP-Pré é calculada pelo Banco Central tendo por base a média de três meses da taxa de juros real das NTN-B de cinco anos. Essa parcela de juro real será fixa ao longo da vida dos contratos, variando apenas o IPCA.

4.6 INDICADORES DE CRÉDITO

Impacto: ★★

Onde Obter: www.bcb.gov.br

Divulgação: Mensal.

4.6.1 Descrição

As estatísticas relativas ao crédito no Brasil são oficialmente divulgadas pelo Banco Central em bases mensais, nas Notas Econômico-Financeiras relativas às Estatísticas Monetárias e de Crédito. O documento traz um conjunto de indicadores que permitem monitorar a evolução do volume de operações de crédito no país ao longo do tempo, bem como as taxas de juros médias praticadas, os prazos médios e créditos em atraso e inadimplência.

4.6.2 Importância

O crédito tem um papel importante nas economias modernas, uma vez que sua evolução afeta diretamente o desempenho da atividade econômica em um contexto de várias dimensões. Se os empréstimos para a pessoa física aceleram, isso tem impacto direto sobre as vendas no comércio e setores produtores de bens e serviços. De maneira análoga, uma piora nas condições de crédito afeta negativamente o consumo e os investimentos na economia, levando a uma desaceleração no ritmo de expansão da atividade econômica.

Por conta disso, a análise dos indicadores de crédito representa um importante termômetro sobre o desempenho da economia e de suas perspectivas.

4.6.3 Como interpretar

Uma piora das condições de crédito pode indicar que a atividade econômica irá arrefecer mais adiante, o que também terá impactos em diminuir a inflação, uma vez que o consumo e os investimentos desacelerarão. O inverso ocorrerá em uma melhora nas condições de crédito.

A melhoria das condições de crédito pode ser percebida por meio da redução das taxas de juros das operações de empréstimo e/ou alongamento do prazo médio dessas operações (no caso da piora, o inverso tende a ocorrer). As mudanças nas condições dos empréstimos e os consequentes efeitos sobre a economia são descritos no Quadro 4.2.

Quadro 4.2 – Condições de Crédito e Efeitos

Melhoria nas Condições de Crédito	» Diminuição das taxas de juros praticadas nas operações de crédito. » Aumento do prazo médio das operações de empréstimo.	» Consumo das famílias tende a aumentar, particularmente em bens duráveis e setor imobiliário. » Investimentos produtivos tendem a aumentar em função da melhoria das condições de financiamento. » Menores custos de captação para as empresas.
Piora das Condições de Crédito	» Elevação das taxas de juros nas operações de empréstimo. » Diminuição do prazo médio das operações de empréstimo.	» Desaceleração no consumo das famílias, particularmente de bens duráveis, e na aquisição de imóveis. » Demanda por investimentos produtivos tende a cair por conta dos maiores custos de financiamento. » Custos de captação de recursos mais elevados para empresas.

Fonte: Elaboração Própria.

Fica evidente que, quando as condições de crédito afetam o ritmo da atividade econômica, elas também afetam, em última instância, a inflação. Uma piora nas condições de crédito impacta negativamente o ritmo da atividade econômica, o que tende a desacelerar a inflação. De maneira análoga, uma melhoria nas condições de crédito estimula a atividade econômica, o que tende a aumentar o patamar da inflação no médio prazo.

4.6.4 Detalhando o indicador

As condições de crédito podem ser afetadas por diferentes fatores na economia. Dentre as principais, podemos destacar:

- **Taxa Básica de Juros – Selic:** as mudanças na taxa de juros Selic promovidas pelo Banco Central, no contexto de sua estratégia de política monetária, são repassadas, em alguma medida, para as taxas de juros praticadas nas operações de empréstimo. As mudanças na Selic também podem afetar o prazo médio das operações, uma vez que para patamares muito elevados de juros as instituições financeiras tendem a encurtar os prazos das operações de empréstimo (ocorrendo o inverso em momentos em que a Selic está baixa).
- **Depósitos Compulsórios no Banco Central:** as exigências do BC quanto aos depósitos compulsórios que as instituições devem reter como proporção dos diferentes depósitos afetam diretamente a capacidade de empréstimo das instituições financeiras. Se o Banco Central aumenta essas exigências, as instituições terão menos recursos disponíveis para realizar empréstimos, o que se refletirá em uma piora nas condições de crédito.
- **Inadimplência:** o volume de créditos em atraso e a inadimplência afetam o risco das instituições financeiras, que devem se tornar mais conservadoras (ofertando menos crédito e sendo mais seletivas) em um quadro de inadimplência elevada (o que tende a piorar as condições de crédito). O inverso ocorre em um contexto de baixa inadimplência, que tende a reduzir os riscos das instituições, tornando-as mais propensas a ofertar crédito.
- **Impostos:** a tributação sobre operações financeiras e/ou instituições são repassadas, em alguma medida, para as taxas de juros praticadas nas operações de empréstimo. Dessa forma, caso o governo decida aumentar os impostos sobre as operações financeiras, isso

levará a uma piora das condições mediante uma elevação das taxas de juros praticadas nos empréstimos. O inverso tende a ocorrer em um quadro de redução de impostos sobre essas operações.

➲ **Custos Bancários:** o aumento dos custos nas instituições financeiras (advindos de maiores custos operacionais, por exemplo) se refletem em um repasse para as taxas de juros das operações de crédito, piorando suas condições. O inverso ocorre em um contexto de maior produtividade no setor e reduções de custos.

Isso significa que as condições de crédito podem oscilar na economia por diferentes razões (não apenas por mudanças na política monetária por parte do Banco Central que venham a alterar a taxa Selic).

As informações divulgadas pelo Banco Central acerca das operações de crédito têm diferentes dimensões. O Quadro 4.3 apresenta essas dimensões, com as respectivas descrições.

Quadro 4.3 – Tipos de Informação Divulgadas Relativas ao Crédito

Saldo	Corresponde ao total do saldo devedor dos contratos de crédito no final do mês. Inclui novas concessões liberadas no mês de referência e a apropriação de juros *pró-rata* dos empréstimos e financiamentos.
Concessões	Representam os desembolsos referentes a empréstimos e financiamentos efetivamente creditados ao tomador do crédito. Os valores informados correspondem às concessões ocorridas no mês de referência.
Taxa Média de Juros	É a média das taxas de juros das concessões, ponderada pelos respectivos valores desembolsados. As taxas médias dos segmentos agregados (total, pessoa jurídica e pessoa física, livre e direcionado) são apuradas pelas taxas médias das modalidades ponderadas pelos saldos médios das respectivas modalidades. São computadas nesse cálculo as operações pactuadas com taxas prefixadas, com taxas referenciadas em juros flutuantes, com taxas referenciadas em moeda estrangeira, com taxas referenciadas na Taxa de Juros de Longo Prazo (TJLP) e com taxas referenciadas na Taxa Referencial (TR).
***Spread* Médio**	É referente à diferença entre a taxa média de juros e o custo de captação estimado para cada modalidade. A estimativa do custo de captação dos recursos aplicados em cada modalidade considera a taxa de juros correspondente ao prazo da operação, assim como os valores dos indexadores para as modalidades pactuadas com taxas indexadas.

(Continua)

Prazo Médio das Concessões	Representa a média dos prazos a decorrer (número de dias corridos existentes entre a data da concessão do crédito e a data da última parcela, dividido por 30), sendo ponderada pelo valor das concessões. Os prazos médios dos segmentos agregados são apurados ponderando-se o prazo médio de cada modalidade pelo saldo médio da respectiva carteira.
Prazo Médio da Carteira	Refere-se à média dos prazos de cada pagamento (número de dias corridos entre o último dia útil de cada mês e a data de vencimento da parcela, dividido por 30) previstos nos contratos, ponderada pelo valor da respectiva parcela. No caso de operações em atraso, são consideradas somente as carteiras com atraso de até 90 (noventa) dias, cujo prazo considerado na apuração é de 1 (um) dia.
Porcentual da Carteira com Atraso Entre 15 e 90 Dias	Representa o somatório do saldo das operações de crédito com atraso de 15 a 90 dias, inclusive, dividido pelo saldo total de crédito da carteira.
Porcentual de Inadimplência da Carteira	Refere-se à média dos prazos de cada pagamento (número de dias corridos entre o último dia útil de cada mês e a data de vencimento da parcela, dividido por 30) previstos nos contratos, ponderada pelo valor da respectiva parcela. No caso de operações em atraso, são consideradas somente as carteiras com atraso de até 90 (noventa) dias, cujo prazo considerado na apuração é de 1 (um) dia.
Crédito/PIB	Representa a relação porcentual do saldo das operações de crédito, dividido pelo valor do PIB (Produto Interno Bruto) acumulado nos últimos 12 (doze) meses em valores correntes. Os dados são classificados por origem dos recursos emprestados, por modalidade de crédito e por tipo de cliente.

Fonte: Banco Central do Brasil.

O Banco Central também disponibiliza indicadores de acordo com a origem dos recursos emprestados. Nesse caso, a segmentação se dá em duas dimensões:

- **Recursos Livres:** correspondem aos contratos de financiamentos e empréstimos com taxas de juros livremente pactuadas entre instituições financeiras e mutuários (taxas de mercado). Nas operações livres, as instituições financeiras têm autonomia sobre a destinação dos recursos captados no mercado.
- **Recursos Direcionados**: são operações de crédito regulamentadas pelo Conselho Monetário Nacional (CMN) ou vinculadas a recursos orçamentários, destinadas basicamente à produção e ao investimento

de médio e longo prazo nos setores imobiliário, habitacional, rural e de infraestrutura. As fontes de recursos são oriundas de parcelas das captações de depósito à vista e de caderneta de poupança, além de fundos e programas públicos.

O Quadro 4.4 apresenta a classificação das diferentes modalidades de operações de crédito realizadas com recursos livres no sistema financeiro.

Quadro 4.4 – Classificação das Operações com Recursos Livres

Adiantamento sobre Contratos de Câmbio (ACC)	Corresponde à antecipação parcial ou total de recursos vinculados a contratos de exportação, com o objetivo de financiar a produção das mercadorias a serem exportadas. Inclui as operações de Adiantamentos sobre Cambiais Entregues (ACE).
Antecipação de Faturas de Cartão de Crédito	Adiantamento de recursos a pessoas jurídicas com base em fluxo de caixa futuro vinculado a direitos creditórios sob a forma de faturas de cartão de crédito.
Arrendamento Mercantil (Veículos e/ou Outros Bens)	São operações de arrendamento mercantil (leasing) financeiro, em que o arrendador concede ao arrendatário a utilização do objeto do contrato de arrendamento (veículos e/ou outros bens), com opção de compra ao final do contrato.
Aquisição de Bens (Veículos e/ou Outros Bens)	Financiamentos para compra de bens (veículos e/ou outros bens) destinados à manutenção ou ao aumento da capacidade produtiva das pessoas jurídicas contratantes, configurando-se como investimento, ou ao consumo das pessoas físicas contratantes. No caso de veículos, o contrato deve conter cláusula de alienação fiduciária, com o bem financiado constituindo a garantia da operação. Os financiamentos de veículos destinados à formação de estoques comerciais não são classificados nesta modalidade.
Capital de Giro com Prazo de Até 365 Dias	Crédito de curto prazo destinado a financiar as atividades operacionais das empresas, vinculado a um contrato específico que estabelece prazos, taxas e garantias, observado o prazo de contratação igual ou inferior a 365 dias.
Capital de Giro com Prazo Superior a 365 Dias	Crédito de médio e longo prazo destinado a financiar as atividades operacionais das empresas, vinculado a um contrato específico que estabelece prazos, taxas e garantias, observado o prazo de contratação superior a 365 dias.

(Continua)

Capital de Giro com Teto Rotativo	Crédito destinado a financiar atividades operacionais das empresas, vinculado a contrato que estabelece linha de crédito rotativo e amortizações com datas pré-determinadas.
Cartão de Crédito – Compras à Vista	Corresponde às compras à vista realizadas no cartão de crédito, e às compras parceladas pelos lojistas (afiliados), em que não há incidência de juros.
Cartão de Crédito – Parcelado	Compreende o parcelamento de compras realizadas com cartão de crédito ou dos valores referentes à fatura do cartão, mediante a cobrança de juros. Inclui as operações de saques em dinheiro com pagamentos parcelados com o uso do cartão na função crédito.
Cartão de Crédito – Rotativo	Operações de financiamento do saldo devedor remanescente após vencimento da fatura e operações de saque com pagamento à vista em dinheiro, efetuadas na função crédito.
Cheque Especial	Crédito rotativo vinculado à conta-corrente, em que determinado limite de recursos é disponibilizado para utilização pelo cliente em situações não programadas e de curto prazo, por meio de saques, cheques, pagamentos ou transferências bancárias. As operações classificadas nessa modalidade devem ter como característica a amortização automática do saldo devedor quando ocorrerem depósitos na conta-corrente do tomador do crédito. As operações de adiantamento a depositante ou a lojistas, que configuram a utilização em excesso do limite de crédito estabelecido em contrato, são consideradas nessa modalidade.
Compror	São operações de crédito a pessoas jurídicas voltadas para o financiamento de suas compras (produtos e serviços), caracterizadas pelo fato de que o desembolso inicial ocorre com o pagamento à vista das compras, pela instituição financeira, diretamente ao fornecedor. Estão inclusas nessa modalidade as operações de *Floor Plan*, destinadas ao financiamento dos estoques das revendedoras de veículos.
Conta Garantida	Crédito rotativo vinculado à conta bancária de pessoas jurídicas, em que determinado limite de recursos é disponibilizado para utilização pelo cliente, por meio da movimentação da conta-corrente e/ou solicitação formal à instituição financeira, a qual pode, eventualmente, solicitar a vinculação de garantias de recebíveis, ou outras garantias, ao limite do cliente. As operações de adiantamento a lojistas, que configuram a utilização em excesso do limite de crédito estabelecido em contrato, são consideradas nessa modalidade.

(Continua)

Crédito Pessoal Consignado para Aposentados e Pensionistas do INSS	Correspondem às operações de crédito a aposentados e pensionistas do Instituto Nacional de Seguro Social (INSS), com retenção de parte do benefício do contratante pelo INSS para o pagamento das parcelas do empréstimo (desconto em folha de pagamento).
Crédito Pessoal Consignado para Trabalhadores do Setor Privado	É a modalidade de crédito destinada a empregados do setor privado, com retenção de parte do salário do contratante pelo empregador para o pagamento das parcelas do empréstimo (desconto em folha de pagamento).
Crédito Pessoal Consignado para Trabalhadores do Setor Público	Corresponde ao crédito destinado a servidores públicos federais, estaduais e municipais, ativos ou inativos, com retenção, por parte do órgão público ao qual o servidor está vinculado, de parte do salário ou rendimento de aposentadoria para o pagamento das parcelas do empréstimo (desconto em folha de pagamento).
Crédito Pessoal Não Consignado	É a linha de crédito às pessoas físicas sem vinculação com aquisição de bem ou serviço, e sem retenção de parte do salário ou benefício do contratante para o pagamento das parcelas do empréstimo (desconto em folha de pagamento).
Crédito Pessoal Não Consignado Vinculado à Renegociação de Dívidas	São operações de empréstimos a pessoas físicas associadas a composição de dívidas vencidas envolvendo modalidades distintas. As composições de dívidas entre operações de mesma modalidade estão registradas na modalidade de origem.
Desconto de Duplicatas	Corresponde ao adiantamento de recursos a pessoas jurídicas com base em fluxo de caixa futuro vinculado a duplicatas mercantis e a outros tipos de recebíveis, exceto cheques e faturas de cartão de crédito.
Desconto de Cheques	É o adiantamento de recursos a pessoas jurídicas com base em fluxo de caixa futuro vinculado a cheques custodiados.
Financiamento à Exportação	São os financiamentos para a venda de bens e serviços ao exterior e que não sejam ACC e ACE. Inclui *export notes* e operações com Cédulas de Crédito à Exportação (CCE) e Notas de Crédito à Exportação (NCE).
Financiamento à Importação	Correspondem aos financiamentos destinados à compra de bens ou serviços no exterior, vinculados a linhas de crédito externas.
Repasse Externo	É a linha de crédito com recursos captados no exterior por instituição financeira, com base na Resolução nº 3.844, de 23 de março de 2010, contratada por pessoas jurídicas localizadas no país, e que não se enquadra nas modalidades ACC, financiamento à importação e financiamento à exportação.

(Continua)

Vendor	São operações de financiamento de vendas baseadas no princípio da cessão de crédito, que permite à empresa tomadora do empréstimo (fornecedor/vendedor) vender seus produtos a prazo e receber o pagamento à vista da instituição financeira. A empresa compradora assume o compromisso de efetuar o pagamento a prazo, destinado a liquidar a operação junto à instituição financeira. Em geral, a instituição financeira ficará com os direitos creditórios da empresa vendedora, à qual caberá o risco da operação.
Outros Créditos Livres	Referem-se às operações de crédito com recursos livres que não foram enquadradas nas modalidades anteriores, a exemplo de operações de desconto de notas promissórias, arrendamento mercantil operacional e renegociação de dívidas no segmento de pessoas jurídicas e as operações de penhor no segmento de pessoas físicas.

Fonte: Banco Central do Brasil.

Além das operações de crédito com recursos livres, as instituições financeiras brasileiras também realizam operações de crédito com direcionamento específico. O detalhamento das operações de crédito direcionado é feito no Quadro 4.5.

Quadro 4.5 – Classificação das Operações com Recursos Direcionados

Crédito Rural com Taxas Reguladas	São operações realizadas em consonância com as diretrizes do direcionamento definidas pelo CMN (estabelece, entre outros parâmetros, o volume de financiamento e a taxa máxima de juros para cada produto), consolidadas no Manual de Crédito Rural (MCR), destinadas a produtores rurais pessoas físicas e jurídicas. Estão incluídas nessa modalidade as operações de crédito rural relacionadas com fundo constitucional.
Crédito Rural com Taxas de Mercado	Corresponde às operações realizadas em consonância com as diretrizes do direcionamento definidas pelo CMN, consolidadas no Manual de Crédito Rural (MCR), mas pactuadas com taxas de mercado, destinadas a produtores rurais, pessoas físicas e jurídicas. Estão incluídas nessa modalidade as operações de crédito rural relacionadas com fundo constitucional.

(Continua)

Financiamento Imobiliário com Taxas Reguladas	Compreendem as operações de financiamento habitacional relacionadas com a exigibilidade de direcionamento a que se refere o art. 1º, inciso I, alínea "a" do regulamento anexo à Resolução nº 3.932, de 2010, assim como as relacionadas com recursos de origem orçamentária ou de fundos e/ou programas governamentais.
Financiamento Imobiliário com Taxas de Mercado	Corresponde às operações de financiamento imobiliário relacionadas com a exigibilidade de direcionamento a que se refere o art. 1º, inciso I, alínea "b" do regulamento anexo à Resolução nº 3.932, de 2010, assim como às operações relacionadas com outras fontes de recursos captados em mercado.
Capital de Giro com Recursos do BNDES	São operações de capital de giro e de financiamentos a exportações vinculadas a recursos do BNDES.
Financiamento de Investimentos com Recursos do BNDES	Correspondem aos financiamentos de investimentos vinculados a recursos do BNDES.
Financiamento Agroindustrial com Recursos do BNDES	São os financiamentos agroindustriais vinculados a recursos do BNDES.
Microcrédito - Consumo	São as operações de microcrédito destinadas ao consumo contratadas com recursos lastreados em depósitos à vista, nos termos definidos pela Resolução nº 3.422, de 30 de novembro de 2006.
Microcrédito - Microempreendedor	Refere-se às operações de microcrédito destinadas a microempreendedores contratadas com recursos lastreados em depósitos à vista, nos termos definidos pela Resolução nº 3.422 de 2006. As operações de microcrédito para pessoas jurídicas, nos termos dos incisos II e IV, do art.2º dessa Resolução estão incluídas nessa modalidade.
Microcrédito - Consignado	É referente às operações de microcrédito com retenção de parte do salário do contratante para o pagamento das parcelas do empréstimo (desconto em folha de pagamento) contratadas com recursos referenciados em depósitos à vista, nos termos definidos pela Resolução nº 3.422, de 2006.
Outros Créditos Direcionados	Referem-se às operações de crédito direcionado que não se enquadram nas modalidades listadas anteriormente.

Fonte: Banco Central do Brasil.

Além da segmentação por origem do recurso e modalidade de crédito, o Banco Central também classifica as operações nos indicadores de crédito por tipo de cliente. Nesse sentido, a classificação do Banco Central segmenta em operações para a pessoa física e operações destinadas à pessoa jurídica.

4.7 AGREGADOS MONETÁRIOS

Impacto: ★

Onde Obter: www.bcb.gov.br

Divulgação: Mensal.

4.7.1 Descrição

As estatísticas dos agregados monetários brasileiros são divulgadas mensalmente pelo Banco Central nas Notas Econômico-Financeiras relativas às Estatísticas Monetárias e de Crédito. O documento traz informações acerca da evolução dos indicadores de crédito brasileiros (vide seção relativa aos Indicadores de Crédito) e dos agregados monetários.

De forma simplista, o conceito de agregados monetários remonta à definição da moeda em si. Do ponto de vista econômico, a moeda pode ser definida como um ativo que exerce três funções: meio de troca, unidade de conta e reserva de valor.

Historicamente, diversos ativos desempenharam esse papel, como as moedas metálicas de ouro ou prata, chegando até formas mais recentes, como o papel-moeda.

Nas economias modernas, outros ativos, dada sua elevada liquidez e seu papel como intermediário de transações, tiveram de ser incorporados no conceito de moeda. Os bancos centrais incorporam esses ativos, classificando-os de acordo com seu grau de liquidez relativa, o que nos traz aos conceitos modernos de agregados monetários.

Na nossa economia, essa classificação é realizada pelo Banco Central do Brasil (BC), que utiliza definições específicas em termos de agregados monetários.

Basicamente, o BC estabelece as seguintes conceituações em termos de agregados monetários:

- M1 = Papel-moeda em Poder do Público + Depósitos à Vista nos Bancos Comerciais.
- M2 = M1 + Depósitos de Poupança + Títulos Emitidos por Instituições Financeiras Depositárias (Títulos Privados).
- M3 = M2 + Cotas de Fundos Classificados como Depositários + Posição Líquida em Títulos Públicos na Custódia dos Detentores de Moeda + Operações Compromissadas com Títulos Privados.
- M4 = M3 + Títulos Públicos Federais de Elevada Liquidez Adquiridos pelos Detentores de Moeda no Mercado Primário.

Além destes agregados, o Banco Central também divulga a base monetária (também conhecida como M0 ou *high-powered money* em alguns países). Esse agregado corresponde ao total de moeda em circulação na economia criada pelo Banco Central. Por conta disso, sua definição é dada por:

Base Monetária = Papel-moeda em Circulação[5] + Reservas Bancárias[6].

O Banco Central divulga mensalmente os saldos no final de cada período relativos aos diferentes agregados, o que permite acompanhar sua evolução ao longo do tempo.

4.7.2 Importância

Historicamente, o acompanhamento desses agregados já teve uma importância relativamente elevada. Isso se deve ao fato de que, do ponto de vista econômico, o processo de emissão de moeda está associado à evolução da inflação. Dessa forma, o monitoramento da evolução desses agregados conferiria, em tese, maiores informações acerca da evolução da inflação e de suas perspectivas[7].

Ao longo das últimas décadas, a aderência entre o comportamento dos agregados monetários e o da inflação no Brasil (e no mundo) caiu significativamente, o que tornou o acompanhamento da evolução dos agregados

---

5 O total de papel-moeda em circulação na economia corresponde ao papel-moeda em poder do público mais os estoques em papel-moeda e moeda metálica presente nos bancos comerciais.

6 Corresponde à conta de depósito dos bancos comerciais junto ao Banco Central.

7 Para se ter noção da importância relativa do assunto, a própria Medida Provisória do Plano Real (Medida Provisória nº 542, de junho de 1994) apresentava metas de emissão monetária.

monetários pouco atrativo do ponto de vista do acompanhamento da economia como um todo.

4.7.3 Como interpretar

A interpretação da evolução dos indicadores é relativamente simples, uma vez que o Banco Central divulga os saldos de cada agregado mês a mês. Nas estatísticas apresentadas, o BC também divulga a variação porcentual do saldo de cada agregado no mês em relação ao mês anterior, no trimestre, no acumulado no ano e em doze meses. Apenas no caso da Base Monetária são divulgados somente os saldos mensais e os fatores condicionantes da variação do agregado no mês.

4.7.4 Detalhando o indicador

A metodologia de acompanhamento e conceituação do Banco Central relativamente aos agregados monetários segue os parâmetros estabelecidos no *Monetary and Financial Statistics Manual and Compilation Guide*, elaborado pelo FMI, tendo sua 2ª edição publicada em 2016.

Por conta da divulgação desse documento, o BC realizou uma revisão metodológica no acompanhamento desses agregados (a metodologia anterior foi estabelecida em 2001).

Segundo essa metodologia, a realidade econômica brasileira levou à seguinte segmentação dos agentes econômicos:

a) **Emissores de Moeda:**
   - Autoridade Monetária (Banco Central)
   - Sociedades de Depósitos (Monetárias e Não Monetárias)
   - Governo Federal

b) **Detentores de Moeda:**
   - Outras Sociedades Financeiras
   - Governos Estaduais e Municipais
   - Empresas Não Financeiras
   - Famílias e Instituições Sem Fins de Lucro a Serviço das Famílias

c) **Setores Neutros:**
   - Não Residentes

Do ponto de vista do sistema que emite moeda, o BC e as sociedades de depósitos têm papel central. Essas sociedades são definidas em cada país, sendo dependentes da classificação das entidades que emitem instrumentos que representam agregados monetários em sentido amplo.

No contexto brasileiro, o sistema emissor é composto pelas seguintes entidades:

a) **Relativas ao M1:**
   - Banco Central
   - Bancos Comerciais
   - Bancos Múltiplos
   - Caixa Econômica Federal
   - Cooperativas de Crédito
b) **Relativas ao M2 (além das que já estão incluídas no M1):**
   - Bancos de Investimento
   - Bancos de Desenvolvimento
   - Sociedades de Crédito, Financiamento e Investimento
   - Companhias Hipotecárias
   - Sociedades de Crédito Imobiliário
   - Associações de Poupança e Empréstimo
c) **Relativas ao M3 (além das que já estão incluídas no M1 e M2):**
   - Fundos de Investimento com características de fundos do mercado monetário, que almejam taxas de retorno próximas àquelas negociadas nas operações de mercado aberto, cujas cotas podem ser resgatadas no curto prazo.
d) **Relativas ao M4 (além das que já estão incluídas nos demais agregados):**
   - Governo Federal, como emissor de títulos públicos de elevada liquidez.

Em termos de instrumentos financeiros, são considerados para efeito dos agregados monetários:

a) Moeda em Poder do Público
b) Depósitos Transferíveis (tais como Depósitos à Vista)
c) Outros Depósitos (Depósitos a Prazo, de Poupança)
d) Títulos Emitidos pelas Sociedades de Depósitos (exceto Ações)
e) Cotas de Fundos do Mercado Monetário
f) Títulos Públicos de Alta Liquidez (se o Governo Federal fizer parte do sistema emissor)

Seguindo a recomendação do Manual do FMI, que classifica os não residentes como um setor neutro do ponto de vista das estatísticas dos agregados monetários, o BC passou a excluir desde 2018 os haveres desses agentes anteriormente incluídos no cálculo do M2, M3 e M4. Os haveres de não residentes adquiridos no mercado brasileiro passaram a ser divulgados pelo BC em uma série estatística separada.

4.8 REFERÊNCIAS

B3. Metodologia de Cálculo do DI. Disponível em: <https://www.b3.com.br/pt_br/market-data-e-indices/indices/indices-de-segmentos-e-setoriais/metodologia-do-di.htm>. Acesso em: 12 jul. 2023.

BANCO CENTRAL DO BRASIL – BCB. Indicadores de Crédito – Sumário Metodológico. Disponível em: <https://www3.bcb.gov.br/sgspub/localizarseries/localizarSeries.do?method=prepararTelaLocalizarSeries>. Acesso em: 12 jul. 2023.

BANCO CENTRAL DO BRASIL – BCB (2018). Revisão Metodológica das Estatísticas de Meios de Pagamento. Nota Técnica do Banco Central do Brasil 48, nov. 2018. Brasília, DF.

BANCO CENTRAL DO BRASIL – BCB. Sobre a Selic. Disponível em: <https://www.bcb.gov.br/acessoinformacao/legado?url=https:%2F%2Fwww.bcb.gov.br%2Fhtms%2Fselic%2Fselicintro.asp>. Acesso em: 12 jul. 2023.

BANCO CENTRAL DO BRASIL – BCB. Taxa Selic. Disponível em: <https://www.bcb.gov.br/controleinflacao/taxaselic>. Acesso em: 12 jul. 2023.

BANCO NACIONAL DE DESENVOLVIMENTO ECONÔMICO E SOCIAL – BNDES (2018). Manual da Taxa de Juros de Longo Prazo (TLP). Rio de Janeiro, RJ.

BANCO NACIONAL DE DESENVOLVIMENTO ECONÔMICO E SOCIAL – BNDES (2018). Metodologia de Cálculo da TLP. Disponível em: <https://www.bndes.gov.br/wps/portal/site/home/financiamento/guia/custos-financeiros/metodologia-de-calculo-da-tlp>. Acesso em: 12 jul. 2023.

CONSELHO MONETÁRIO NACIONAL – CMN (2018). Resolução no 4.624, jan. 2018. Brasília, DF.

SILVA Jr., ANTONIO FRANCISCO DE A. DA (2012). Liquidez do Sistema e Operações de Mercado Aberto. Banco Central do Brasil – Trabalhos para Discussão no 278, maio 2012. Brasília, DF.

CAPÍTULO 5

SETOR EXTERNO

5.1 INTRODUÇÃO

As transações comerciais e financeiras com o resto do mundo fazem parte do dia a dia de qualquer economia moderna. Os fluxos de moeda estrangeira entram e saem do país dependendo da natureza da operação.

Em um passado não muito distante, o Brasil convivia com escassez de divisas, o que se tornou um problema grave nos anos 1980, levando à moratória da dívida externa brasileira. Nos anos 1990, a fuga de capitais no final daquela década forçou o país a adotar o regime de taxa de câmbio flutuante, que é o padrão utilizado até os dias de hoje.

O monitoramento das contas externas, nesse sentido, sempre foi um elemento importante da análise da economia brasileira. Esse acompanhamento permite olhar de perto os recursos em moeda estrangeira que entram e saem do país, e que influenciam o comportamento da taxa de câmbio.

Neste capítulo, destacamos os principais indicadores econômicos que devem ser acompanhados de perto para efeitos da análise do setor externo brasileiro do ponto de vista econômico.

5.2 TAXA DE CÂMBIO

Impacto: ★★★

Onde Obter: www.bcb.gov.br

Divulgação: Diária.

5.2.1 Descrição

A taxa de câmbio representa uma relação entre duas moedas, estabelecida na quantidade de moeda doméstica necessária para adquirir uma unidade de moeda estrangeira ou, inversamente, na quantidade adquirida de moeda estrangeira com uma unidade da moeda doméstica.

No caso brasileiro, a convenção é da quantidade de reais necessária para adquirir uma unidade do dólar norte-americano. Sob essa perspectiva, se a cotação do dólar estiver em R$6, isso significa que são necessárias 6 unidades de real para adquirir US$1. Essa relação poderia ser feita de forma inversa, onde 1 real compra US$0,17 de dólar norte-americano.

A cotação do dólar é formada em dias úteis por meio das negociações realizadas no mercado de câmbio brasileiro. Nesse mercado, a demanda por dólares é formada por importadores, investidores que desejam levar seus recursos para outro país, empresas estrangeiras que desejam remeter lucros e dividendos para o exterior etc. A oferta de moeda estrangeira nesse mercado é formada pelas exportações brasileiras, ingresso de investimentos estrangeiros no país, recebimento de rendas do exterior etc. A relação entre a oferta e a demanda de dólares forma a cotação da moeda estrangeira nesse mercado diariamente.

O mercado de câmbio é regulamentado e supervisionado pelo Banco Central. As operações que ocorrem nesse mercado são efetuadas por agentes autorizados pela autoridade monetária. Isso inclui corretoras, bancos múltiplos etc.

A taxa de compra e a taxa de venda são formadas pelos agentes no mercado de câmbio de acordo com a posição de cada um. Dessa forma, se um agente estiver desejando vender dólares no mercado, ofertará o volume indicado a uma taxa de venda. Por outro lado, se um agende estiver desejando adquirir moeda estrangeira no mercado de câmbio, demandará o volume indicado a uma taxa de compra. Quando uma negociação é efetivada, a cotação dessa transação é registrada. Quando o pagamento é à vista (na prática, até 2 dias úteis), a taxa é denominada de taxa de câmbio spot. Se a entrega é futura, temos nesse processo a formação de uma taxa de câmbio *forward*.

Um ponto importante a ser destacado é que, no caso brasileiro, o Banco Central pode intervir no mercado de câmbio, comprando ou vendendo moeda estrangeira. Nesse sentido, se o BC deseja conter uma alta da cotação do dólar, ele vende moeda estrangeira no mercado de câmbio. Inversamente, se quiser conter a apreciação do real, ele compra dólares nesse mercado.

Por intermédio dessas negociações, a cotação do dólar flutua a todo momento, dependendo dos níveis de oferta e demanda de moeda estrangeira. É possível visualizar essas oscilações diariamente em sites especializados ou agências de notícias em tempo real, como a *Bloomberg* ou a *Agência Estado*.

A taxa de câmbio mais utilizada no mercado é a PTAX, cuja origem do nome remonta à antiga transação PTAX800, do Sistema do Banco Central (Sisbacen). Essa taxa é calculada diariamente pelo Banco Central a partir da cotação média, formada a partir de consultas do Banco Central em determinados operadores no mercado de câmbio.

Apesar de haver um único mercado de câmbio no país, existem diferentes terminologias para a cotação da moeda estrangeira que são formadas de acordo com a natureza da operação. O "câmbio comercial" ou "dólar comercial" é utilizado na esmagadora maioria das operações do mercado de câmbio, como exportações, importações, operações de investimento no exterior etc. O "câmbio turismo" ou "dólar turismo" refere-se a operações de compra ou venda de dólares destinados para viagens internacionais. Usualmente, essas operações envolvem dólares em espécie (moeda física).

5.2.2 Importância

A taxa de câmbio tem uma importância fundamental em qualquer economia moderna, pois influencia, direta e indiretamente, o sistema econômico como um todo e inúmeras operações e negócios diariamente.

Seu monitoramento é essencial para compreender a dinâmica das contas externas e as oportunidades de negócios que surgem a todo momento. Uma elevação da cotação do dólar tende a favorecer exportadores, tornando mais rentáveis setores ligados às vendas externas. Na esteira disso, maiores vendas para o exterior se traduzem em uma melhoria do saldo comercial e da oferta de dólares para o país. Ao mesmo tempo, essa alta desestimula as importações, ao tornar os produtos vendidos no resto do mundo mais caros para os brasileiros.

Os movimentos da taxa de câmbio também afetam decisões de investimento, sejam eles destinados ao setor real da economia ou ao lado financeiro. Sob essa perspectiva, uma elevação da cotação da moeda estrangeira tende a tornar mais rentável o setor exportador, deixando-o mais atrativo para novos investimentos. Essa cotação mais elevada também torna os ativos brasileiros mais baratos em dólares, tendendo a atrair investidores financeiros nessa direção (na bolsa de valores, por exemplo).

As oscilações da cotação do dólar também afetam a inflação: a alta do dólar torna insumos de produção e bens finais importados mais caros em reais. A alta do preço desses produtos tende a ser repassada para os preços dos bens finais, o que afeta a dinâmica dos preços domésticos.

Esses fatores tornam a taxa de câmbio um indicador econômico de suma importância para ser acompanhado diariamente.

5.2.3 Como interpretar

Uma elevação da cotação do dólar representa uma depreciação[1] do real frente ao dólar norte-americano, enquanto uma queda da cotação da moeda norte-americana indica uma apreciação da moeda brasileira frente ao dólar.

As variações na cotação do dólar têm múltiplos efeitos sobre a economia brasileira, afetando a balança comercial, os investimentos e a inflação.

Via de regra, tudo o mais constante, uma depreciação da moeda brasileira se traduz em maior competitividade da produção nacional vis-à-vis ao resto do mundo. Com isso, as exportações do Brasil tendem a aumentar, enquanto as importações de produtos do resto do mundo feitas por brasileiros tendem a diminuir, uma vez que os bens estrangeiros ficam mais caros para os residentes em nosso país. Do ponto de vista dos investimentos, uma depreciação da moeda brasileira torna os ativos nacionais mais baratos quando cotados em dólares. Em outras palavras, esses ativos se tornam mais baratos para investidores internacionais. Isso tende a ter impacto em termos de atratividade desses investidores para aportarem seus recursos no Brasil. Isso vale para ativos financeiros, como ações em bolsa, por exemplo, e para ativos reais, como uma empresa. O outro lado dessa moeda é que bens de capital

1 Em um regime de taxa de câmbio flutuante, como é o caso brasileiro, os termos corretos são apreciação ou depreciação do real frente ao dólar. Os termos desvalorização ou valorização, mais comumente usados, não são tecnicamente corretos, pois são empregados em regimes de taxa de câmbio fixa (quem valoriza ou desvaloriza, nesse caso, é o governo, não o mercado).

importados tornam-se mais caros para as empresas brasileiras com uma eventual depreciação do real frente ao dólar, o que tende a inibir a aquisição de equipamentos importados que, potencialmente, levariam a um aumento da produtividade das empresas nacionais. O raciocínio inverso em termos de investimentos e dos preços dos bens de capital se aplica quando a moeda brasileira se torna mais forte, ou seja, registra uma apreciação frente ao dólar.

A inflação brasileira também é afetada por variações na taxa de câmbio: uma depreciação do real frente ao dólar torna os preços dos produtos comercializados com o resto do mundo (exportados e importados) mais elevados em reais. Esse efeito é repassado para os preços praticados no nosso mercado[2], o que tende a elevar a inflação transitoriamente (até que o repasse esteja completado). De forma análoga, uma apreciação da moeda brasileira frente ao dólar tende a manter os preços desses bens estáveis (ou até os reduz), o que contribui para conter a inflação.

Oscilações na cotação do dólar afetam diretamente operações não apenas no mercado à vista de dólares, mas também no mercado futuro. Com isso, agentes que detêm posição no mercado em ativos indexados ao dólar são afetados diretamente por essas variações. Os custos da proteção (*hedge*) para oscilações na taxa de câmbio também são afetados.

Variações na cotação do dólar afetam os ativos e passivos de empresas e pessoas físicas em moeda estrangeira. Isso afeta diretamente os balanços das empresas e das famílias, podendo melhorar ou piorar sua posição financeira e patrimonial.

Um agente econômico que tem dívida em dólares pode ver sua dívida (e o serviço dela) ampliada em face de uma depreciação da moeda nacional. Isso pode levar a dificuldades financeiras e, eventualmente, até à falência do negócio (ou inadimplência). Inversamente, uma apreciação do real frente ao dólar mostra-se favorável nessa relação.

Para agentes detentores de ativos em moeda estrangeira, uma elevação da cotação do dólar aumenta o valor desses ativos em reais, melhorando sua posição. O inverso ocorre no caso da apreciação da moeda.

---

2 Esse repasse não necessariamente é imediato, podendo levar meses para ocorrer. Em geral, quando a economia brasileira está desaquecida ou em recessão, esse repasse tende a ser mais lento, uma vez que os produtores tendem a ter dificuldades para elevar os preços em um contexto de vendas estagnadas ou em queda (eles tendem a assimilar essa alta de custos comprimindo a margem de lucro e recompondo-a à medida que a economia se recupera ao longo do tempo). Em um quadro de economia aquecida, esse repasse tende a ser mais rápido.

As variações na cotação do dólar não afetam apenas os ativos ligados de alguma forma à cotação da moeda estrangeira. Elas também podem afetar o mercado financeiro em outras dimensões. Se os economistas projetarem uma inflação mais elevada adiante por conta da depreciação da moeda doméstica, os juros futuros também serão afetados, uma vez que o Banco Central poderá aumentar a taxa de juros para conter a inflação. O inverso ocorre nesse mercado no caso de uma apreciação da moeda brasileira.

Por fim, a taxa de câmbio também afeta as contas públicas brasileiras. Isso decorre do fato de que a posição líquida do governo em moeda estrangeira, quando convertida para reais, muda com variações na taxa de câmbio. Desde a década de 2000, com o acúmulo de dólares nas reservas internacionais, o Brasil passou a deter uma posição líquida positiva. Isso significa que uma depreciação do real frente ao dólar aumenta essa posição quando convertida para reais, cujo efeito é uma redução da dívida pública total. O inverso ocorre no caso de uma apreciação do real.

Outro efeito decorre do fato de que parte da dívida pública doméstica é indexada à moeda estrangeira. Com isso, uma depreciação do real leva a um aumento da despesa de juros do setor público desse tipo de dívida. O Quadro 5.1 sintetiza os impactos sobre cada variável econômica no país.

Quadro 5.1 – Efeitos de Variações da Taxa de Câmbio

Variável	Efeito
Exportações	Tendem a aumentar com uma depreciação do real frente ao dólar, ocorrendo o inverso com uma apreciação.
Importações	Diminuem com um aumento da cotação do dólar e tendem a crescer com a queda da cotação da moeda estrangeira.
Investimentos	Uma depreciação da moeda brasileira torna os ativos nacionais (reais e financeiros) mais baratos em dólares, o que tende a aumentar sua atratividade para investidores no exterior. No entanto, esse fenômeno eleva os custos de bens de capital importados, o que pode ter impacto negativo sobre os investimentos produtivos. Uma apreciação do real frente ao dólar tem efeito inverso.
Inflação	Variações cambiais afetam os preços dos bens comercializáveis com o exterior. Isso decorre do fato de que esses produtos são referenciados em dólares e os preços praticados domesticamente são convertidos para reais. Assim, variações na taxa de câmbio afetam esses preços e, por consequência, a inflação.

(Continua)

Variável	Efeito
Ativos e Passivos em Moeda Estrangeira	Os ativos e passivos dos agentes econômicos privados (empresas e famílias) em moeda estrangeira são afetados por variações cambiais. Essas oscilações têm efeito direto no valor desses ativos e passivos cotados em reais, o que pode levar a melhorar a posição financeira ou acarretar dificuldades para esses agentes.
Mercado Financeiro	O mercado financeiro é afetado em múltiplas dimensões a partir de variações na taxa de câmbio. Essas variações afetam não apenas o mercado à vista de dólares, mas também o mercado futuro, os juros futuros e a bolsa de valores.
Contas Públicas	Variações na cotação do dólar afetam as contas públicas de diferentes formas. Elas afetam a dívida pública a partir da posição líquida do país em termos de endividamento em moeda estrangeira. Elas também afetam as despesas de juros da dívida doméstica indexada à taxa de câmbio.

Fonte: Elaboração Própria.

5.2.4 Detalhando o indicador

O conceito de taxa de câmbio é relativamente simples, uma vez que representa uma relação entre duas moedas. Conforme apontado anteriormente, a cotação do dólar é formada em dias úteis a partir das negociações no mercado cambial por operadores autorizados pelo Banco Central para negociar moeda estrangeira. Nesse mercado, os agentes que estão vendendo dólares ofertam a moeda estrangeira a uma cotação de venda, enquanto aqueles que demandam dólares compõem a cotação de compra.

A partir dessas operações, o Banco Central divulga diariamente a PTAX, formada a partir da consulta junto aos *dealers*[3] em quatro momentos de elevada liquidez no mercado cambial. Cada consulta do BC pode ocorrer em um intervalo de dez minutos. Uma vez aberta a consulta, os *dealers* devem enviar suas cotações para o Banco Central em (até) dois minutos. O momento exato

[3] Os *dealers* são instituições financeiras credenciadas pelo Banco Central para atuar como tal por um período de doze meses. O BC pode credenciar até quatorze instituições, seguindo critério de volume operado no mercado de câmbio, participação nos leilões de câmbio realizados pelo Banco Central, qualidade das cotações informadas para efeitos de cálculo da PTAX e qualidade das informações prestadas à mesa de câmbio do BC.

das consultas é definido de maneira aleatória pelo Sistema PTAX dentro dos seguintes intervalos:

- 1ª Consulta: entre 10h e 10h10
- 2ª Consulta: entre 11h e 11h10
- 3ª Consulta: entre 12h e 12h10
- 4ª Consulta: entre 13h e 13h10

O *dealer* informa ao BC, individualmente, uma taxa de compra e uma taxa de venda praticadas no mercado interbancário no início de cada janela. O Banco Central exclui as duas maiores e as duas menores taxas informadas tanto para a compra quanto para a venda de dólares. A partir disso, o BC calcula a média aritmética simples das taxas restantes, tanto para a compra quanto para a venda, que são divulgadas pelo Sistema PTAX em quatro boletins referentes a cada uma das consultas. A PTAX do dia é publicada em um quinto boletim, a partir da média simples das cotações registradas nos quatro boletins anteriores.

A PTAX é utilizada em diversos produtos de câmbio, como contratos futuros e de opções de câmbio na B3 (Brasil, Bolsa, Balcão), contratos derivativos de balcão e operações financeiras de empresas no segmento de mercado com entrega física de dólares.

5.3 BALANÇA COMERCIAL

Impacto: ★★

Onde Obter: resultados parciais semanais: www.balanca.economia.gov.br

Resultado Mensal: www.gov.br (área de estatísticas do Ministério do Desenvolvimento, Indústria, Comércio e Serviços) e nas Notas Econômico-Financeiras do Setor Externo do Banco Central (www.bcb.gov.br).

Divulgação: Semanal e mensal.

5.3.1 Descrição

A balança comercial brasileira traz o saldo líquido das exportações de bens menos as importações de bens. Ela representa uma importante componente no contexto das contas externas brasileiras.

Nessa conta, é possível verificar o total das vendas de bens do país para o resto do mundo e a totalidade de produtos importados pelo Brasil em um determinado período.

É possível acompanhar a balança comercial em bases semanais, o que permite verificar, em um curto espaço de tempo, o resultado do saldo comercial. Esse resultado é publicado semanalmente pelo Ministério do Desenvolvimento em área específica de seu site. As divulgações ocorrem às segundas-feiras, na parte da tarde (em geral, entre 15h e 15h30).

Os resultados parciais consolidados no mês permitem visualizar o saldo comercial mensal, também divulgado no Ministério do Desenvolvimento em área específica de seu site. Essa publicação é divulgada no início do mês seguinte ao de referência do fechamento.

Em ambos os documentos, é possível visualizar as exportações, importações, corrente de comércio (soma das exportações com as importações) e o saldo comercial, bem como a média diária para cada variável no período especificado (semanal ou mensal).

Além dessas informações, a publicação divulgada pelo Ministério do Desenvolvimento traz os principais destaques relativos aos setores e produtos de exportação e de importação e os principais parceiros comerciais.

A balança comercial também é apresentada no contexto do balanço de pagamentos, divulgado mensalmente pelo Banco Central.

5.3.2 Importância

A balança comercial é uma das principais componentes no âmbito das contas externas brasileiras. Ela indica o quanto o país está gerando de divisas com a venda de bens e o quanto está utilizando na aquisição de produtos do resto do mundo. Por conta disso, o saldo gerado no âmbito dessa conta tem importância considerável na disponibilidade de recursos externos brasileiros a cada período.

Esse saldo, em conjunto com a análise das demais contas do balanço de pagamentos, pode sinalizar uma maior ou menor dificuldade do país em financiar suas contas externas. Esse tipo de análise sinaliza a trajetória da taxa de câmbio, uma vez que esse grau relativo de dificuldade pode sinalizar uma maior ou menor escassez de dólares no país.

O desempenho das exportações e das importações também tem impacto sobre a atividade econômica do país. Um maior volume de vendas para o exterior tende a estimular a produção de setores ligados às exportações e, com isso, gera um efeito positivo sobre o ritmo da atividade econômica doméstica (uma queda nas exportações sinalizaria o inverso). Por sua vez, um aumento das importações poderia sinalizar um ritmo mais intenso da atividade econômica brasileira (o inverso ocorre em situações de desaceleração do crescimento ou uma eventual recessão).

A importância do saldo comercial no contexto das contas externas (e seus potenciais impactos sobre a trajetória da taxa de câmbio futura) faz com que a balança comercial seja acompanhada de perto por economistas, empresas, mercado financeiro em geral e o governo.

5.3.3 Como interpretar

O saldo comercial representa uma rubrica importante do ponto de vista das contas externas, indicando uma maior ou menor disponibilidade de dólares para o país. No entanto, seu resultado não deve ser considerado isoladamente, devendo ser analisado tendo como base o ciclo econômico doméstico e outras variáveis macroeconômicas. O Quadro 5.2 sintetiza os efeitos dessas variáveis sobre as exportações, importações e, em última instância, na balança comercial.

Quadro 5.2 – Balança Comercial – Efeitos de Variáveis Macroeconômicas

Taxa de Câmbio	A taxa de câmbio afeta a competitividade de uma economia. Quanto mais depreciada a moeda em relação às demais moedas, mais baratos os produtos produzidos no país relativamente à produção do resto do mundo. Numa situação dessas, as exportações se tornam mais competitivas e o país tende a exportar mais. Analogamente, nesse caso, os bens produzidos no resto do mundo se tornam mais caros em relação à produção local, o que tende a provocar uma diminuição das importações. O inverso ocorre se a moeda se aprecia em relação às demais moedas, o que tende a aumentar as importações e diminuir as exportações.

(Continua)

Inflação Relativa	Se um país apresentar uma inflação superior à do resto do mundo (e a taxa de câmbio se mantiver inalterada), a produção nesse país se tornará mais cara relativamente à do resto do mundo, o que levará a uma queda das exportações. De forma análoga, os bens produzidos no resto do mundo se tornarão mais baratos quando comparados com a produção doméstica, o que tende a levar a um aumento das importações. Fenômeno inverso ocorre se a inflação doméstica observada for inferior à verificada no resto do mundo. Note-se que a hipótese assumida nessa análise foi que a taxa de câmbio permaneceu inalterada. O efeito descrito pode ser corrigido por uma depreciação (apreciação) da moeda doméstica, que tenderia a anular o efeito do diferencial de inflação entre os países.
Atividade Econômica Doméstica	Um maior crescimento da economia doméstica tende a elevar as importações do país. Isso ocorre porque o aumento da atividade econômica doméstica leva a um aumento da demanda por máquinas e equipamentos, insumos e bens finais importados. Fenômeno inverso ocorre em um cenário de desaceleração econômica ou de recessão.
Crescimento Econômico do Resto do Mundo	Um maior crescimento econômico do resto do mundo tende a levar a um aumento das exportações. Isso decorre do fato de que um aumento do PIB do resto do mundo leva a um aumento da demanda por bens produzidos domesticamente (sejam eles insumos, máquinas e equipamentos ou bens finais). O inverso ocorre em um quadro de desaceleração do crescimento econômico global ou de uma recessão internacional.

Fonte: Elaboração Própria.

Ao longo das últimas décadas, o Brasil já experimentou momentos de deficits e de superavits na balança comercial. Esses resultados decorreram das condições econômicas de cada período, refletidas na posição relativa da moeda brasileira em relação às demais moedas em termos de apreciação ou depreciação, da inflação brasileira relativamente à verificada no resto mundo, do crescimento econômico brasileiro e da economia global.

5.3.4 Detalhando o indicador

O resultado da balança comercial é divulgado periodicamente (semanalmente e mensalmente) pelo Ministério do Desenvolvimento.

Essas publicações apresentam o total das exportações, das importações, da corrente de comércio e o saldo comercial para o período de referência. Também são apresentadas as médias diárias, os valores acumulados no mês e o acumulado no ano.

As publicações também incorporam os principais destaques de setores e produtos de exportação e importação por setores e produtos. No caso dos resultados mensais, também são destacados os principais parceiros comerciais brasileiros, envolvendo exportações e importações.

Por fim, as publicações também permitem uma visualização geral dos resultados setoriais e dos principais produtos de exportação e de importação segmentados por: Agropecuária, Indústria Extrativa e Indústria de Transformação.

5.4 TRANSAÇÕES CORRENTES

Impacto: ★★★

Onde Obter: www.bcb.gov.br

Divulgação: Mensal.

5.4.1 Descrição

As transações correntes (ou conta-corrente) representam o saldo líquido do total em dólares que um país vendeu em bens e serviços ou transferiu em renda para o exterior menos o que ele recebeu do resto do mundo. Essa rubrica, em conjunto com as contas capital e a financeira, representam as principais contas do balanço de pagamentos.

As transações correntes incorporam o saldo da balança comercial (referente à venda e à compra de bens do exterior), da balança de serviços e das balanças de rendas primárias e secundárias.

O saldo dessa conta pode ser superavitário ou deficitário. Um deficit em transações correntes significa que o país está sendo financiado pelo resto do mundo ou que está consumindo suas reservas internacionais para financiá-lo. Inversamente, um superavit significa que o país é um emprestador líquido para o resto do mundo, aumentando sua posição líquida de ativos.

No Brasil, o saldo em transações correntes é divulgado mensalmente pelo Banco Central, no contexto da publicação das Notas Econômico-Financeiras – Estatísticas do Setor Externo. No site da instituição o calendário anual de divulgação deste documento é disponibilizado.

5.4.2 Importância

O saldo em transações correntes é uma das principais contas do balanço de pagamentos e indica o quanto um país está gerando, em termos líquidos, moeda estrangeira com a venda/compra de bens, serviços e envio/recebimento de rendas.

O saldo dessa conta indica o quanto o país está absorvendo ou emprestando recursos para o resto do mundo. Países que têm deficits crônicos nas transações correntes tendem a ser observados com maior atenção por investidores. Isso decorre do fato de que o resto do mundo está financiando um país nessas circunstâncias (ou ele está vendendo suas reservas internacionais no mercado para tal). Uma inversão nesse quadro de financiamento ou um aumento da percepção de risco pode levar um país nessas circunstâncias a ter dificuldades em financiar seu deficit, o que pode levar a uma depreciação de sua moeda.

Sob essa perspectiva, a dimensão do deficit ou do superavit nas transações correntes permite visualizar as necessidades do Brasil em termos de recursos externos para seu financiamento. Isso tende, em alguma medida, a impactar o comportamento da taxa de câmbio brasileira e a percepção de risco.

5.4.3 Como interpretar

O resultado das transações correntes determina as necessidades do país em termos de moeda estrangeira para financiar seu balanço de pagamentos.

Um superavit nessa conta indica que o país está gerando recursos em moeda estrangeira em um volume superior ao que ele está gastando na aquisição de bens e serviços do resto do mundo e na remessa de rendas. Isso significa que esse país está aumentando sua posição de ativos no exterior e/ou acumulando reservas em moeda estrangeira.

O inverso ocorre na presença de um deficit nas transações correntes. Nesse caso, o resto do mundo estará financiando o país e/ou ele estará vendendo suas reservas internacionais (em moeda estrangeira) para financiar esse saldo.

Por ser composto pela soma do resultado da balança comercial, da balança de serviços e da balança de rendas (primária e secundária), o resultado tende a ser influenciado por algumas variáveis macroeconômicas.

Sob essa perspectiva, ao considerarmos o caso particular da balança comercial, é possível considerar os impactos de determinados fatores econômicos sobre as exportações e as importações de bens. Em outras palavras, a dinâmica do saldo da balança comercial tende a influenciar o resultado nas transações correntes.

Ao longo dos últimos anos, o Brasil tendeu a apresentar superavit em sua balança comercial e deficit na balança de serviços e na de rendas primárias.

O saldo comercial positivo foi decorrência da depreciação do real frente às demais moedas (o que impulsionou as exportações) e da alta de preços de commodities de exportação do país. Apesar dos bons resultados, o Brasil já enfrentou momentos em que esse saldo foi zerado ou até negativo, decorrência da apreciação da moeda brasileira frente às demais moedas.

As duas outras componentes das transações correntes tendem a ter uma rigidez maior em termos de saldo negativo. No caso dos serviços, o Brasil tende a utilizar muito mais serviços do resto do mundo do que os estrangeiros utilizam serviços brasileiros, o que tende a tornar esse saldo recorrentemente negativo. Do lado das rendas primárias, o saldo negativo se deve ao fato de que o país envia muito mais rendas do que recebe do exterior. Isso ocorre, por exemplo, porque existem muito mais empresas multinacionais estrangeiras que atuam no Brasil do que empresas brasileiras atuando no exterior. Com isso, a remessa de lucros e dividendos que as multinacionais enviam ao exterior, para suas matrizes, tende a superar o que as empresas brasileiras operando em outros países remetem para o Brasil.

Um ponto que merece destaque é o da balança de rendas secundárias. Ela incorpora as receitas e despesas que não têm como contrapartida a compra de um bem, o uso de um serviço ou de algum fator de produção. Em outras palavras, os registros efetuados no âmbito dessa balança envolvem transferências unilaterais de renda entre residentes e não residentes. No caso brasileiro, esse saldo é em geral positivo (embora sua dimensão em relação às demais contas seja menor). Esse fenômeno se deve ao fato de que há muito mais brasileiros no exterior que remetem recursos para o Brasil do que o inverso.

5.4.4 Detalhando o indicador

Conforme apontado anteriormente, o saldo da conta de transações correntes é dado pela soma do resultado da balança comercial, da balança de serviços e de rendas.

O registro das exportações e importações de bens é realizado considerando-se apenas os valores das transações dos bens (*Free On Board* – FOB), ou seja, não são incorporados os custos de frete, seguros etc.

Para o detalhamento da balança comercial, vide a respectiva seção desse indicador desenvolvida no livro.

No que concerne à balança de serviços, encontram-se registradas as receitas e os pagamentos referentes aos serviços prestados entre os residentes e não residentes do país. Dentre os serviços computados nesse item, são considerados os relativos a transportes, viagens internacionais, seguros, financeiros, construção, computação e informações, royalties e licenças, aluguel de equipamentos, serviços pessoais, culturais e de entretenimento e serviços governamentais.

No caso do balanço de rendas, há a segmentação entre rendas primárias e rendas secundárias. A renda primária representa os montantes a pagar ou a receber em troca do uso temporário de recursos financeiros, trabalho ou ativos não financeiros não produzidos, representados pela remuneração de trabalhadores, pela renda de investimentos e demais rendas primárias. No caso do trabalho assalariado, o valor representa a remuneração do trabalho assalariado (salários e ordenados). No caso da renda de investimentos estão incluídas as rendas de investimento direto, de investimento em carteira, de outros investimentos e de ativos de reserva. Nas demais rendas primárias incluem-se tributos sobre a produção e importação, subsídios e aluguéis.

As rendas secundárias eram denominadas "transferências unilaterais", mas a nomenclatura foi ajustada à das contas nacionais brasileiras. Essa conta representa a renda gerada em uma economia e transferida para outra. Ela é segmentada em dois blocos, sendo um relativo ao governo e outro aos demais setores da economia. No caso do governo, estão incluídos os tributos correntes sobre a renda, contribuições e benefícios sociais, cooperação internacional corrente e demais transferências correntes do governo. Nos demais setores estão incluídas as transferências pessoais (transferências correntes entre famílias residentes e não residentes) e outras transferências correntes.

5.5 POSIÇÃO INTERNACIONAL DE INVESTIMENTOS (PII)

Impacto: ★

Onde Obter: www.bcb.gov.br

Divulgação: Trimestral.

5.5.1 Descrição

A Posição Internacional de Investimentos (PII) é uma medida que reflete a diferença entre os ativos que os brasileiros detêm no resto do mundo e aqueles que os estrangeiros detêm no Brasil em um dado momento no tempo. Nesse sentido, ela reflete a posição de um balanço entre ativos (que o país detém no exterior) e passivos (o que o resto do mundo detém de ativos no Brasil) em um determinado período. Essa medida é calculada pelo Banco Central e expressa em milhões de dólares.

A construção da estatística pelo BC segue os padrões definidos pela 6ª Edição do Manual de Balanço de Pagamentos do Fundo Monetário Internacional – FMI (BPM6). Os saldos dos ativos e passivos têm relação próxima aos fluxos obtidos da conta financeira do balanço de pagamentos, uma vez que esses afetam diretamente os estoques de ativos e passivos ao longo do tempo.

A periodicidade desse indicador é trimestral, sendo divulgado pelo Banco Central na área de estatísticas e nas Notas Econômico-Financeiras – Estatísticas do Setor Externo.

5.5.2 Importância

Conforme apontado anteriormente, a Posição Internacional de Investimentos (PII) indica o resultado entre a diferença entre ativos do exterior detidos por brasileiros e ativos domésticos em mãos de estrangeiros. Dessa forma, a PII representa, de forma simplificada, o patrimônio líquido do país em relação ao resto do mundo.

Embora ela não deva ser considerada isoladamente na avaliação das condições de financiamento externo de uma economia, a PII é considerada uma importante medida das condições financeiras de um país.

5.5.3 Como interpretar

A partir do conceito da PII, sua interpretação é relativamente simples, uma vez que ela representa a diferença entre ativos domésticos detidos por estrangeiros e ativos do exterior em mãos de brasileiros.

Dessa forma, se a PII for negativa, isso significa que os estrangeiros detêm um volume maior de ativos domésticos que os brasileiros detêm no exterior. Inversamente, se a PII for positiva, isso significa que os brasileiros detêm mais ativos do resto do mundo que os estrangeiros detêm ativos domésticos.

Em geral, os resultados nas transações correntes são relacionados às mudanças na PII, uma vez que um superavit indica que o país está aumentando seu volume de ativos externos ou diminuindo seu passivo externo. Inversamente, um deficit na conta corrente indica que o país está diminuindo seus ativos externos e aumentando seus passivos externos.

Por exemplo, se o resultado em conta corrente brasileiro for deficitário em um determinado ano, isso significa que ele teve que se financiar com relação ao resto do mundo ou as reservas internacionais foram reduzidas para financiar esse deficit. O resultado final é uma piora da posição externa do país relativamente ao resto do mundo. Situação inversa ocorreria se o Brasil tivesse superavit na conta corrente.

Note-se que a PII não varia apenas em função dos fluxos resultantes das transações correntes, variações de reservas internacionais e fluxos de capitais. Uma vez que essa medida envolve a medida de ativos domésticos e no exterior, também devem ser considerados nesse cálculo ganhos e perdas de capital desses ativos ao longo do tempo.

5.5.4 Detalhando o indicador

O levantamento da Posição Internacional de Investimentos (PII) no Brasil é realizado pelo Banco Central de acordo com a 6ª edição do Manual de Balanço de Pagamentos do Fundo Monetário Internacional – FMI (BPM6).

Nesse cálculo, o BC inclui todos os indivíduos, empresas e entes econômicos. Também são incluídos todos os estados brasileiros, o Distrito Federal e representações diplomáticas e consulares no exterior. Essa estatística abrange todos os países onde existam ativos brasileiros ou que tenham ativos no país.

Os saldos são compilados para as posições ativas com os seguintes itens:

- Investimento Direto no Exterior
- Investimento em Carteira
- Derivativos Financeiros
- Outros Investimentos
- Ativos de Reservas

No caso das posições passivas, os itens são os seguintes:

- Investimentos Diretos no País
- Investimentos em Carteira
- Derivativos Financeiros
- Outros Investimentos

5.6 RESERVAS INTERNACIONAIS

Impacto: ★★

Onde Obter: www.bcb.gov.br

Divulgação: Diária.

5.6.1 Descrição

As reservas internacionais representam o conjunto de ativos brasileiros em moeda estrangeira. A administração desses recursos é feita pelo Banco Central do Brasil (BC), que faz a alocação de acordo com critérios de segurança, liquidez e rentabilidade, tendo a política de investimentos definida a partir da diretoria colegiada da instituição.

As reservas internacionais brasileiras são compostas por títulos, depósitos em moeda estrangeira (dólares norte-americanos, euros, libras, ienes, dólares canadenses e dólares australianos), direitos especiais de saque junto ao FMI, depósitos no Banco de Compensações Internacionais (BIS), ouro e outros ativos.

As reservas internacionais são utilizadas para o BC realizar intervenções no mercado de câmbio brasileiro. Sob essa perspectiva, se o Banco Central adquire moeda estrangeira nesse mercado, as reservas aumentam, ocorrendo o contrário se a instituição vende dólares nesse mercado. Essas operações se alinham com a política cambial brasileira atual, que opera em um regime de taxa de câmbio flutuante (no qual a oferta e demanda de dólares por agentes privados forma a cotação da moeda estrangeira) e o BC intervém no mercado de câmbio para evitar flutuações excessivas na cotação do dólar e/ou coibir movimentos especulativos.

As reservas também são utilizadas para operações externas do país, como amortizações de empréstimos, pagamento de juros sobre a dívida externa, desembolsos junto ao FMI, BIS etc.

5.6.2 Importância

As reservas internacionais têm um papel fundamental na economia brasileira, uma vez que representam o total de recursos externos disponíveis para o país. Esse montante pode ser utilizado para o pagamento de obrigações brasileiras com o resto do mundo, como o pagamento de juros ou amortizações da dívida externa, ou para realizar intervenções no mercado de câmbio. Por conta disso, as reservas internacionais representam uma espécie de "seguro" do país contra eventuais choques externos adversos que venham a comprometer o fluxo de recursos externos ingressantes no Brasil.

Note-se que, apesar do regime cambial brasileiro ser de taxa de câmbio flutuante[4], as reservas são importantes no sentido de garantir a funcionalidade do mercado de câmbio, evitando que mudanças abruptas nos fluxos cambiais provoquem oscilações intensas e indesejáveis na cotação da moeda estrangeira.

Por conta desses fatores, o nível das reservas internacionais é um fator importante em garantir que o país não enfrentará uma escassez de dólares que porventura venha a comprometer suas operações com o resto do mundo. O patamar das reservas afeta a percepção dos agentes privados quanto à possibilidade do país honrar seus compromissos externos e do mercado de câmbio funcionar sem grandes sobressaltos. Esse fenômeno afeta a percepção de risco desses agentes e, consequentemente, os fluxos de recursos externos e a taxa de câmbio.

5.6.3 Como interpretar

O volume das reservas internacionais brasileiras é divulgado diariamente pelo Banco Central em seu site. As variações nas reservas internacionais podem ocorrer por diferentes razões, sendo elas oriundas de:

---

4 Isso significa que o Banco Central não está comprometido com uma cotação específica do dólar e, com isso, estar obrigado a intervir no mercado de câmbio recorrentemente, comprando e vendendo dólares, para garantir essa cotação (o que é característico de um regime de taxa de câmbio fixa ou de algum outro arranjo cambial que implique que o BC deva se comprometer com patamares específicos da cotação do dólar — bandas cambiais, por exemplo).

Operações de compra ou venda de dólares pelo Banco Central no mercado de câmbio.

Operações externas como: pagamento de principal e juros da dívida externa brasileira; emissão de títulos da dívida brasileira no exterior, na qual o resultado da venda é incorporado às reservas; desembolsos ou disponibilização de recursos por agências internacionais, como FMI, Banco Mundial etc.; e rentabilidade das reservas internacionais por conta dos juros recebidos nas aplicações das mesmas em ativos no exterior e pela variação do dólar frente às demais moedas[5].

Usualmente, o Banco Central apresenta as razões para variação nas reservas internacionais brasileiras. O resultado consolidado do mês dessas variações é apresentado nas Estatísticas do Setor Externo, na área de Notas Econômico-Financeiras no site da instituição.

5.6.4 Detalhando o indicador

As reservas internacionais brasileiras são administradas pelo Banco Central e empregadas em diferentes situações. Apesar de elas serem expressas diariamente em dólares, sua totalidade não se encontra alocada nessa moeda. De fato, as reservas internacionais estão alocadas em outras moedas e ativos, seguindo critérios da política de investimento definidos pelo Comitê de Governança, Riscos e Controles (GRC) do Banco Central, criado em maio de 2017.

A política de investimentos definida pelo GRC com base em objetivos de longo prazo, como aumentar a confiança dos agentes privados na capacidade do governo honrar seus compromissos externos e dar suporte à implementação das políticas monetária e cambial do país. Por conta disso, essa política visa um processo de alocação anticíclica das reservas e que elas continuam para diminuir a exposição cambial brasileira a flutuações indesejáveis da taxa de câmbio.

Dados esses parâmetros, a alocação das reservas internacionais é operacionalizada com o uso de técnicas que otimizam a relação risco/retorno do portfólio, considerando-se os critérios de segurança, liquidez e de rentabilidade (seguindo a prioridade nessa ordem).

---

5 Isso é decorrência do fato de que parte das reservas internacionais brasileiras é alocada em ativos denominados em outras moedas, o que faz com que variações no câmbio dessas moedas em relação ao dólar afetem o valor desses ativos.

A partir da definição da política de investimentos pelo comitê, a alocação é realizada de acordo com os parâmetros definidos, tendo a estrutura de governança do gerenciamento dos investimentos atrelada à política de gestão integrada de riscos do Banco Central. Na administração das reservas, o Banco Central considera as diversas dimensões de risco associadas: mercado, liquidez, crédito e operacional.

Atualmente, a maior parte (mais de 80%) das reservas internacionais estão alocadas em títulos governamentais de outros países (principalmente EUA), mas também estão alocadas em depósitos em bancos centrais, títulos de agências, ETFs de índices de ações, títulos de organismos supranacionais etc.

Por razões óbvias, a maior parte das reservas está alocada em ativos denominados em dólares, embora ativos denominados em outras moedas façam parte das reservas internacionais brasileiras.

Um aspecto importante no contexto das reservas internacionais no Brasil diz respeito ao custo fiscal. Isso se deve ao fato de que o Banco Central, ao adquirir dólares no mercado de câmbio, aumenta a quantidade de reais no mercado (utilizados na compra da moeda estrangeira e pagos às instituições que venderam dólares para o BC).

Esse aumento de liquidez tende a reduzir as taxas de juros no mercado (o que inclui a taxa Selic). Para evitar que a taxa Selic caia e situe-se abaixo da meta definida pelo Comitê de Política Monetária, o Banco Central deve retirar a liquidez gerada no processo de compra de moeda estrangeira. Para isso, ele realiza operações no mercado aberto, vendendo títulos públicos no mercado e, com isso, retirando o excesso de liquidez em reais.

Esse tipo de operação é denominado de compra esterilizada de dólares e sua denominação decorre do fato de que o Banco Central deixa a liquidez do mercado em reais exatamente igual à que prevalecia antes da compra de dólares.

O cerne dessa questão remete ao fato de que, com a operação, o governo aumentou seus ativos em moeda estrangeira e seu passivo em títulos públicos domésticos. Como a taxa de juros brasileira usualmente está acima da verificada nas aplicações das reservas, isso significa que as despesas de juros com títulos domésticos superam os ganhos gerados com a rentabilidade das reservas internacionais. Em outras palavras, o BC, ao comprar dólares no mercado de câmbio, aumenta as despesas com juros dos títulos domésticos que não são compensadas pelos ganhos obtidos com a rentabilidade das reservas, implicando em um custo fiscal na operação.

Por conta disso, de tempos em tempos, aparecem sugestões para diminuir o deficit público reduzindo o volume de reservas internacionais (que geraria a mecânica inversa da descrita anteriormente, com o BC recomprando títulos públicos para evitar a queda da Selic). O contraponto a essa sugestão é que ela vai lidar apenas temporariamente com o estoque da dívida, sem resolver o ponto central da questão, que é o excesso dos gastos do governo brasileiro. Com isso, em pouco tempo o Brasil se veria novamente em uma situação de dívida pública crescente e sem o seguro nas contas externas proporcionado pelas reservas internacionais.

5.7 REFERÊNCIAS

BANCO CENTRAL DO BRASIL – BCB (2019). A taxa de Câmbio de Referência PTAX. Estudo Especial do Banco Central n. 42, 2019. Brasília, DF.

BANCO CENTRAL DO BRASIL – BCB (2016). Estatísticas do Setor Externo – Adoção da 6ª Edição do Manual de Balanço de Pagamentos e Posição de Investimento Internacional (BPM6), Nota Metodológica n. 1. Brasília, DF.

BANCO CENTRAL DO BRASIL – BCB. Posição Internacional de Investimento (PII) – Sumário Metodológico. Disponível em: <https://www3.bcb.gov.br/sgspub/localizarseries/localizarSeries.do?method=prepararTelaLocalizarSeries>. Acesso em: 12 jul. 2023.

BANCO CENTRAL DO BRASIL – BCB (2021). Relatório de Gestão das Reservas Internacionais, v. 13, mar. 2021. Brasília, DF.

CAPÍTULO 6

CONTAS PÚBLICAS

6.1 INTRODUÇÃO

O acompanhamento das contas públicas é uma peça importante na análise de qualquer economia. Esse tipo de monitoramento permite avaliar o desempenho do setor público em termos de resultado e suas necessidades de financiamento.

No caso brasileiro, esse aspecto ganha uma dimensão ainda maior, uma vez que a história mostra que, no passado, o deficit do governo foi parcialmente financiado via emissão de moeda, o que explica, em parte, a inflação elevada com a qual o Brasil conviveu por décadas.

Desde a implementação do Real, em junho de 1994, o expediente de financiar o deficit público via emissão de moeda deixou de ser empregado no Brasil. O financiamento do deficit, a partir de então, tem se dado via emissão de títulos públicos, adquiridos pelas instituições financeiras.

O aumento dos gastos públicos nas últimas décadas levou a um endividamento crescente, trazendo preocupações acerca da capacidade do governo ter condições de honrar seus compromissos.

Por conta disso, o acompanhamento das contas públicas tem sido de suma importância na análise da economia brasileira.

Neste capítulo, apresentamos os principais indicadores relacionados às contas públicas brasileiras, focando nos aspectos mais relevantes de cada um deles.

6.2 ARRECADAÇÃO FEDERAL

Impacto: ★★

Onde Obter: https://www.gov.br/receitafederal/pt-br

Divulgação: Mensal.

6.2.1 Descrição

A arrecadação federal compreende o volume de recursos que o governo obtém com a cobrança de impostos, contribuições (incluindo, aí, a previdenciária) e outras receitas do governo federal. Esse valor não inclui, obviamente, o total arrecadado pelas demais esferas de governo (estados e municípios). Isso significa que, no âmbito federal, não estão computados os impostos e taxas estaduais, como, por exemplo, o Imposto sobre a Circulação de Mercadorias e Serviços (ICMS), ou municipais, por exemplo, o Imposto Predial e Territorial Urbano (IPTU).

O resultado é apurado e divulgado mensalmente pela Secretaria da Receita Federal, órgão vinculado ao Ministério da Economia. Usualmente, há uma defasagem de um mês na divulgação do indicador.

A reforma tributária de 2023 criou a Contribuição de Bens e Serviços (CBS), que substituirá, no âmbito federal, o Imposto sobre Produtos Industrializados (IPI), o Programa de Integração Social (PIS) e a Contribuição para Financiamento da Seguridade Social (COFINS), integrando-os gradativamente nesse novo tributo.

6.2.2 Importância

A arrecadação federal é um importante indicador fiscal, pois representa os recursos que o governo dispõe a cada período para fazer frente a seus gastos (despesas de pessoal, custeio da máquina pública etc.). Bons níveis de arrecadação se mostram importantes em um contexto fiscal para evitar deficits excessivamente elevados, que levem a uma dinâmica de acumulação da dívida pública que seja insustentável.

Em outras palavras, o indicador representa um elemento importante no quadro fiscal geral, e seu comportamento ao longo do tempo contribui para sinalizar a trajetória da dinâmica das contas públicas brasileiras.

Por conta disso, esse indicador é acompanhado de perto por economistas e analistas de mercado financeiro, uma vez que seu comportamento é um claro indicativo da saúde das contas públicas brasileiras.

6.2.3 Como interpretar

A análise da arrecadação federal permite inferir se o governo terá recursos para fazer frente às suas despesas ao longo do tempo. Ela representa o primeiro passo no conjunto da análise das contas públicas, uma vez que seu comportamento ditará como o governo deverá lidar com seus gastos.

Os dados são divulgados em termos nominais, incorporando no resultado tanto o efeito da inflação quanto o crescimento no período considerado, e em termos reais, corrigidos pela inflação medida pelo IPCA. O resultado em termos reais permite observar o efeito do crescimento econômico sobre a arrecadação do governo.

A previsão da arrecadação é realizada no orçamento da União do ano anterior e pode ser acompanhada mensalmente pelos dados que a Receita Federal divulga. Os resultados podem ser distintos daqueles projetados no orçamento por diferentes razões: i) inflação ou crescimento do PIB diferentes dos previstos; ii) receitas extraordinárias; e iii) mudanças de leis que possam impactar a arrecadação.

Em geral, o comportamento da arrecadação federal tem uma boa aderência com o ciclo econômico, podendo ser considerado, em alguma medida, um indicador coincidente da atividade econômica.

6.2.4 Detalhando o indicador

A arrecadação federal engloba o conjunto de impostos administrados pela Secretaria da Receita Federal, do Ministério da Economia. O Quadro 6.1 apresenta os impostos que compõem a arrecadação federal.

Além das receitas discriminadas no Quadro 6.1, a Receita Federal engloba atualmente a Receita Previdenciária, oriunda das contribuições ao Instituto Nacional de Seguridade Social (INSS), e as receitas administradas por outros órgãos.

Quadro 6.1 – Impostos e Contribuições Federais

Sigla	Denominação
II	Imposto sobre Importação
IPI	Imposto sobre Produtos Industrializados
IRPF	Imposto sobre a Renda – Pessoa Física
IRPJ	Imposto sobre a Renda – Pessoa Jurídica
IOF	Imposto sobre Operações Financeiras
ITR	Imposto Territorial Rural
COFINS	Contribuição para Financiamento da Seguridade Social
Contribuição para o PIS/ PASEP	O Programa de Formação do Patrimônio do Servidor Público (PASEP) foi criado em 1970 e unificado com o Programa de Integração Social (PIS), o que deu origem a essa atual contribuição.
CSLL	Contribuição Social sobre o Lucro Líquido
CIDE	Contribuição de Intervenção no Domínio Econômico
PSS	Contribuição do Plano de Seguridade do Servidor
Outras Receitas Administradas	

Fonte: Secretaria da Receita Federal – Elaboração Própria.

6.3 RESULTADO DO TESOURO NACIONAL (RTN)

Impacto: ★★★

Onde Obter: https://www.gov.br.tesouronacional/pt-br/

Divulgação: Mensal.

6.3.1 Descrição

O Resultado do Tesouro Nacional é divulgado em um boletim da Secretaria do Tesouro Nacional (STN), do Ministério da Fazenda. Esse boletim traz as principais estatísticas fiscais relativas ao Governo Central, as quais compreendem a totalidade da contabilização das administrações federais (representadas no relatório como Tesouro Nacional), do Banco Central e do sistema público de previdência para o setor privado (INSS). No resultado do Tesouro Nacional está incluída a previdência dos servidores públicos federais.

A STN calcula o resultado a partir dos fluxos de receitas e de despesas de acordo com a metodologia "acima da linha". Isso permite uma avaliação do quadro fiscal do país em um contexto amplo, uma vez que é possível visualizar as diferentes receitas e despesas que geraram o resultado a cada período.

Publicado mensalmente desde 1995, o Resultado do Tesouro Nacional (RTN) representa uma importante fonte de informação sobre as estatísticas fiscais brasileiras ao apresentar as receitas e despesas primárias (não financeiras) do Governo Central.

6.3.2 Importância

O monitoramento das estatísticas fiscais é fundamental para compreender a saúde das contas públicas de um governo.

Com o fim da hiperinflação desde a implementação do Real, em junho de 1994, o governo brasileiro deixou de se financiar via emissão de moeda. A estabilização da inflação em patamar baixo trouxe um novo panorama para as contas públicas brasileiras, que passaram, então, a ser monitoradas de perto.

Sob essa perspectiva, a melhoria dos resultados fiscais passou a ser crucial para a garantia da estabilidade. A importância disso é refletida na construção de vários dispositivos e regras fiscais ao longo das últimas décadas, que visaram melhorar não apenas o resultado das contas do governo, mas também a qualidade do gasto público.

Nesse sentido, o Resultado do Tesouro Nacional (RTN) é uma importante fonte de informações. Sua estrutura permite visualizar de forma abrangente os fluxos de receitas e despesas do Governo Central. Sob essa perspectiva, esse relatório tem sua importância não restrita apenas em termos de acompanhamento das contas públicas, mas também se estende para aspectos gerenciais em termos de gestão pública.

Outro aspecto relevante do RTN é que, uma vez que as séries estatísticas são relativamente longas e bem estabelecidas, é possível realizar projeções de receitas e de despesas, permitindo a elaboração de cenários para as contas públicas. Isso se torna um ferramental muito útil no processo de elaboração do orçamento do governo (e também durante sua execução). Ao mesmo tempo, para economistas e analistas que acompanham as contas públicas, essas fontes de informações também se mostram relevantes na elaboração de projeções de resultados fiscais.

6.3.3 Como interpretar

Em princípio, o Resultado do Tesouro Nacional (RTN) não é um indicador de difícil interpretação. O boletim divulgado pela STN, logo no início, apresenta um quadro que sintetiza esse resultado, incluindo a receita total, da qual são subtraídas as transferências por repartição de receita (transferências a estados e municípios) para efeitos de obtenção da receita líquida (o Quadro 6.2 sintetiza essas contas). Desse valor, são subtraídas as despesas totais e, a partir daí, obtém-se o resultado primário do Governo Central. Note-se que esse resultado não incorpora as despesas de juros da dívida pública.

Quadro 6.2 – Panorama Geral do Resultado do Governo Central

1. Receita Total
2. Transferência por Repartição de Receita
3. Receita Líquida (1 - 2)
4. Despesa Total
5. Resultado Primário do Governo Central (3 - 4)

Fonte: Secretaria do Tesouro Nacional – Elaboração Própria.

Um resultado positivo é considerado um superavit, e um resultado negativo é considerado um deficit. A STN divulga esse resultado em valores nominais e em valores reais corrigidos pelo IPCA. Também é feita a comparação com o resultado do mesmo mês do ano anterior, o que permite verificar o desempenho pontual do resultado. Outra comparação também é feita em relação ao resultado acumulado ao longo do ano, permitindo uma visão de médio prazo do desempenho das contas do Governo Central.

Além do resultado sintético, o Tesouro divulga no boletim um conjunto de informações completo dos fatores que influenciaram as receitas e as despesas no período e condicionaram o resultado. Essas informações permitem uma compreensão mais detalhada do resultado e uma interpretação mais clara de um eventual desvio em relação às projeções estabelecidas.

6.3.4 Detalhando o indicador

A estrutura sintética de divulgação registra as informações relativas aos fluxos de receitas e despesas de forma agregada. Nesse contexto, algum grau de detalhamento se mostra relevante no sentido da elaboração de projeções para o RTN (particularmente se forem considerados cenários macroeconômicos alternativos).

O Quadro 6.3 apresenta uma estrutura do RTN com algum grau de desagregação. É possível detalhar em alguma medida a estrutura do Resultado do Tesouro Nacional (RTN) divulgado pelo Tesouro.

Quadro 6.3 – Estrutura Detalhada do Resultado do Tesouro Nacional (RTN)

Discriminação	Descrição
1. Receita Total	Na receita total estão incluídos: » Receita Administrada pela Receita Federal » Incentivos Fiscais » Arrecadação Líquida para o Regime Geral de Previdência Social » Receitas Não Administradas pela Receita Federal.
2. Transferências por Repartição de Receita	Inclui o total de transferências efetuadas pela administração federal a outros entes de governo.
3. Receita Líquida (1 – 2)	Equivale à receita primária federal disponível para o custeio da máquina pública federal, para os gastos em atividades de governo e ações de políticas públicas.
4. Despesa Total	Corresponde ao valor da despesa não financeira do governo no contexto da administração direta e indireta. São itens da despesa total: » Benefícios Previdenciários » Despesa de Pessoal e Encargos Sociais » Outras Despesas Obrigatórias » Despesas do Poder Executivo Sujeitas à Programação Financeira.
5. Resultado Primário do Governo Central	Refere-se à totalidade de receitas menos despesas primárias do Governo Central.

Fonte: Secretaria do Tesouro Nacional – Elaboração Própria.

Além do resultado primário agregado para o Governo Central, a STN divulga no boletim o resultado segmentado para o Tesouro Nacional (que compreende as administrações federais), o Banco Central do Brasil (BCB) e o INSS. Esse grau de abertura permite visualizar como cada ente contribuiu para o resultado primário global.

6.4 ESTATÍSTICAS FISCAIS DO SETOR PÚBLICO

Impacto: ★★★

Onde Obter: https://www.bcb.gov.br

Divulgação: Mensal, conforme calendário divulgado no site da instituição.

6.4.1 Descrição

As Estatísticas Fiscais do Setor Público são divulgadas mensalmente pelo Banco Central do Brasil na área de Estatísticas de seu site, em uma área denominada Notas Econômico-Financeiras. Nessa área, é possível encontrar a opção de Estatísticas Fiscais, que remete à página das referidas estatísticas e com a possibilidade de baixar arquivos com as informações acerca do resultado fiscal.

Nas Estatísticas Fiscais divulgadas pelo Banco Central, é incorporada a totalidade do setor público não financeiro, composto por:

- **Governo Central**: que incorpora o resultado do Tesouro Nacional (administrações federais), do Banco Central do Brasil e do INSS. No resultado do Tesouro também está incluído o saldo da previdência dos servidores públicos federais.
- **Governos Regionais**: compostos pelos resultados das administrações dos estados e municípios.
- **Empresas Estatais**: engloba o resultado das empresas estatais das três esferas de governo: federal, estadual e municipal.

Essas estatísticas são apuradas pelo conceito "abaixo da linha", no qual o resultado fiscal é obtido por meio da variação da dívida líquida total (interna e externa). Isso significa que esse resultado representa o quanto o setor público, como um todo, de fato teve que se financiar via emissão de dívida pública.

O resultado nominal do setor público é obtido a partir da variação líquida da dívida pública total, e o resultado primário do setor público é obtido a partir desse resultado menos os encargos financeiros líquidos da dívida (juros nominais).

As informações disponíveis pelo Banco Central referentes ao resultado nominal, às despesas de juros e ao resultado primário são apresentadas para o consolidado do setor público e segmentadas para as três esferas de governo (governo federal, estados e municípios) e as empresas estatais (nos três níveis de governo).

Além desses resultados, as Estatísticas Fiscais do Setor Público trazem informações acerca da dívida pública brasileira. Essas informações permitem avaliar seu comportamento ao longo do tempo em termos nominais (em R$) e como proporção do PIB. O documento também apresenta os fatores condicionantes da dívida pública, a taxa de juros implícita e os juros nominais por indexador.

6.4.2 Importância

Esse é o resultado mais abrangente do ponto de vista fiscal por incorporar a integralidade do setor público e suas necessidades de financiamento totais. Em outras palavras, é uma medida que reflete de maneira mais adequada a saúde das contas públicas brasileiras.

Por conta disso, um dos principais focos de atenção no acompanhamento das contas do governo diz respeito ao resultado primário do setor público apurado pelo Banco Central. Isso se deve ao fato de que esta é uma variável de controle observável que mostra o resultado final do desempenho da política fiscal brasileira praticada em seu conjunto (englobando governo federal, estados, municípios e empresas estatais nas três esferas). Sob essa perspectiva, excessos de gastos ou frustrações de receitas são capturados diretamente por esse indicador.

A meta fiscal do setor público é referenciada nesse indicador, uma vez que seu saldo, acrescido da despesa de juros, impacta o endividamento público de fato.

Em termos históricos, no acordo celebrado entre o Brasil e o FMI no final dos anos 1990, auge da crise cambial, ficou estabelecido que o país deveria ter um superavit primário de 3,1% do PIB em 1999. Esse patamar foi subindo gradativamente até atingir o patamar de 4,25% do PIB no primeiro ano do governo Lula, em 2003. Ao longo dos anos, à medida que o Brasil acumulava reservas internacionais em dólares, o país não precisou renovar esse acordo. A partir daí, a orientação de política fiscal mudou gradualmente e esse superavit foi corroído até o início dos anos 2020. Esse processo foi acompanhado por um acelerado crescimento do endividamento público brasileiro, com a dívida pública bruta atingindo patamar superior a 80% do PIB.

Além do resultado primário, as Estatísticas Fiscais do Setor Público trazem a evolução da dívida pública brasileira, seus fatores condicionantes e sua evolução ao longo do tempo. Essa é uma informação importante para acompanhar a dinâmica do endividamento público brasileiro e analisar seu comportamento ao longo do tempo. Esse tipo de informação permite, também, que sejam traçados cenários alternativos sobre a sustentabilidade da dívida pública quanto à sua capacidade de pagamento ao longo do tempo.

6.4.3 Como interpretar

O Banco Central apresenta um conjunto de planilhas ao divulgar essas estatísticas, contendo diferentes informações.

A interpretação do resultado fiscal consolidado do setor público requer um escopo analítico que não deve ser feito de forma isolada, uma vez que envolve diferentes esferas de governo e empresas estatais. É importante que se tenha atenção para as informações que o próprio Banco Central apresenta no momento da divulgação, que podem conter explicações sobre eventos esporádicos capazes de afetar os resultados pontualmente (como uma frustração de receita, por exemplo, ou o pagamento de alguma despesa eventual).

Basicamente, o documento se segmenta em três blocos de planilhas:

- **Necessidades de Financiamento do Setor Público (NFSP)**: referente ao resultado nominal do setor público.
- **Dívida Líquida do Setor Público (DLSP)**: que corresponde ao total de obrigações do setor público não financeiro deduzido de seus ativos financeiros frente aos agentes privados não financeiros e agentes financeiros públicos e privados.
- **Dívida Bruta do Governo Geral (DBGG)**: que se refere ao total da dívida do setor público com o setor privado e o setor público financeiro.

As Necessidades de Financiamento do Setor Público (NFSP) são dadas pelo resultado nominal do setor público. Tal resultado, conforme mencionado anteriormente, é obtido a partir da variação da dívida pública. O resultado primário é obtido uma vez descontados os juros pagos sobre a dívida pública no período. Dessa forma, temos:

Resultado Nominal = Variação Líquida da Dívida Pública

Resultado Primário = Resultado Nominal – Juros Nominais

Os valores estão apresentados em termos nominais (R$) e em proporção do PIB. Usualmente, o acompanhamento fiscal nessa dimensão é feito utilizando-se a métrica de proporção do PIB. Dentre outras vantagens, esse recurso permite a compatibilização do acompanhamento fiscal com a construção do cenário macroeconômico, envolvendo outras variáveis, como crescimento econômico, inflação, taxa de juros e taxa de câmbio.

Note-se que a forma de apresentação do Banco Central (necessidade de financiamento) implica que um resultado positivo deve ser interpretado como um deficit e um resultado negativo como um superavit. Dessa forma, se em um determinado mês o setor público registrar resultado primário de -0,7% do PIB, isso significa que ele apresentará um superavit de 0,7% do PIB nesse período.

Do ponto de vista prático, o **Resultado Nominal** é o valor total que impacta a necessidade que o governo tem de se financiar a cada período via emissão de títulos públicos (ou seja, aumento do endividamento público). Isso significa que quanto maior o deficit nominal, mais o governo terá que se financiar via emissão de novos títulos públicos, aumentando sua dívida.

A política fiscal e algumas variáveis macroeconômicas podem afetar diretamente esse resultado. No que se refere à política fiscal em si, seu efeito direto é sobre o resultado primário. A dimensão desse resultado pode contribuir para aliviar o peso da despesa de juros da dívida pública, caso observemos um superavit primário, ou para agravar a situação, na eventualidade de um deficit primário.

Do lado das variáveis macroeconômicas, a taxa de juros tem um papel relevante, uma vez que seu patamar influencia diretamente a despesa de juros da dívida pública. Nesse sentido, quanto maior a taxa de juros, mais elevadas as despesas de juros da dívida pública, ocorrendo o inverso no caso de taxas de juros declinantes.

O crescimento econômico e a inflação também são variáveis macroeconômicas que afetam esse resultado, uma vez que impactam a arrecadação de impostos e contribuições e também a métrica de comparabilidade com o PIB nominal. Destaque-se, também, que uma inflação elevada terá como resposta por parte do Banco Central uma alta de juros, o que, dinamicamente, também afetará o resultado nominal.

A política fiscal praticada pelo governo tem reflexos diretos no resultado primário, sendo uma variável sob seu controle. Dessa forma, faz sentido estabelecer metas e parâmetros de monitoramento definidos nessa variável, como tem sido feito ao longo do tempo para efeitos de desempenho fiscal.

No que se refere à dívida pública, durante um bom tempo, por diversas razões, o conceito utilizado foi o de dívida líquida do setor público. Nos últimos anos, o conceito mais relevante que passou a ser monitorado é o da **Dívida Bruta do Governo Geral (DBGG)**, uma vez que essa métrica incorpora a totalidade das obrigações do setor público frente ao setor privado e ao setor público financeiro, não incorporando seus ativos. Sob essa perspectiva, essa variável mede, de fato, o quanto o setor público tem de compromissos financeiros em sua totalidade. Sua evolução dinâmica ao longo do tempo é importante, uma vez que seu crescimento de forma acelerada pode indicar que o governo terá problemas mais adiante em termos de rolagem da dívida pública e/ou financiar seus deficits.

6.4.4 Detalhando o indicador

Conforme apontado anteriormente, o cálculo das Necessidades de Financiamento do Setor Público (NFSP) é realizado pelo Banco Central por intermédio da variação da dívida líquida total. Nesse cálculo, utiliza-se o regime de competência, no qual o valor é computado no mês do fato gerador da receita ou despesa. Esse regime se distingue do regime de caixa, em que o valor da receita ou despesa é computado no momento do desembolso de fato. O regime de caixa é utilizado no cálculo do resultado primário apurado pelo Tesouro Nacional. No caso do resultado apurado pelo BC, o valor é apurado de forma híbrida, com as despesas financeiras pelo regime de competência.

A segmentação das Necessidades de Financiamento do Setor Público (NFSP) pelo Banco Central é detalhada no Quadro 6.4. Esse tipo de segmentação é apresentado em fluxos mensais, acumulado no ano e acumulado em doze meses.

Quadro 6.4 – Necessidades de Financiamento do Setor Público (NFSP)

Resultado Nominal
Governo Central
Governo Federal
Banco Central
Governos Regionais
Governos Estaduais
Governos Municipais

(Continua)

Empresas Estatais
Empresas Estatais Federais
Empresas Estatais Estaduais
Empresas Estatais Municipais
Juros Nominais
Governo Central
Governo Federal
Banco Central
Governos Regionais
Governos Estaduais
Governos Municipais
Empresas Estatais
Empresas Estatais Federais
Empresas Estatais Estaduais
Empresas Estatais Municipais
Primário
Governo Central
Governo Federal
INSS
Banco Central
Governos Regionais
Governos Estaduais
Governos Municipais
Empresas Estatais
Empresas Estatais Federais
Empresas Estatais Estaduais
Empresas Estatais Municipais

Fonte: Banco Central do Brasil – Elaboração Própria.

No que se refere à Dívida Bruta do Governo Geral (DBGG), é importante destacar que esse estoque compreende a totalidade da Dívida Interna, correspondente (praticamente na totalidade) à Dívida Mobiliária no Mercado, às Operações Compromissadas no Banco Central e à Dívida Externa. Os resultados da DBGG também são apresentados em valores nominais (R$), porcentual do PIB em diferentes horizontes temporais e taxas de juros implícitas.

6.5 REFERÊNCIAS

BANCO CENTRAL DO BRASIL – BCB (2015). Indicadores Fiscais. Série Perguntas Mais Frequentes, mar. 2015. Brasília, DF.

BANCO CENTRAL DO BRASIL – BCB (2018). Manual de Estatísticas Fiscais, mar. 2018. Brasília, DF.

SECRETARIA DO TESOURO NACIONAL (2016). Manual de Estatísticas Fiscais do Boletim Resultado do Tesouro Nacional, nov. 2016. Brasília, DF.

SILVA, ANDERSON CAPUTO; CARVALHO, LENA OLIVEIRA DE; MEDEIROS, OTÁVIO LADEIRA DE (orgs). Dívida Pública: A Experiência Brasileira, 2009. Brasília, DF.

CAPÍTULO 7

SONDAGENS E EXPECTATIVAS

7.1 INTRODUÇÃO

Nas economias, as expectativas desempenham um papel fundamental. Expectativas de elevação da inflação, por exemplo, podem levar os agentes a atuarem preventivamente, remarcando preços como forma de preservar o valor real dos bens. Isso também pode levar a maiores demandas por aumentos salariais do lado dos trabalhadores, que podem pressionar custos e levar as empresas a repassar essa elevação para os preços dos bens ou serviços finais. Em outras palavras, uma expectativa de aceleração da inflação acaba por gerar efeitos sobre a inflação corrente.

As expectativas também influenciam os negócios: empresários otimistas tendem a investir mais na produção e realizar contratações. Consumidores mais confiantes tendem a comprar mais bens e serviços, criando um reforço positivo do lado dos negócios.

As decisões de política econômica também são influenciadas pelas expectativas. Se, por exemplo, as expectativas de inflação estão em queda e as projeções de crescimento apontam para baixo, o Banco Central deve atuar no sentido de estimular a demanda, cortando os juros.

Dada a importância do tema, apresentamos neste capítulo os principais indicadores de expectativas disponíveis na economia brasileira, destacando seus principais aspectos.

7.2 SISTEMA DE EXPECTATIVAS DE MERCADO (FOCUS)

Impacto: ★★★

Onde Obter: https://www.bcb.gov.br

Divulgação: Semanal e mensal.

7.2.1 Descrição

O Sistema de Expectativas de Mercado (Focus) do Banco Central do Brasil foi criado em 1999 e reúne, atualmente, as projeções de mercado de cerca de 140 instituições, em sua maior parte composta por bancos. No entanto, também participam da coleta de informações várias administradoras de recursos de terceiros, distribuidoras e corretoras, consultorias econômicas e empresas não financeiras. Via de regra, essas projeções são elaboradas pelos departamentos econômicos das empresas (financeiras e não financeiras) que participam da coleta. As projeções são alimentadas diretamente pelas instituições no sistema do Banco Central. Para participar da pesquisa, a instituição deve se cadastrar no BCB, que solicita apenas que ela tenha uma equipe especializada em projeções macroeconômicas e que haja regularidade na inserção dos dados.

Para que a informação seja válida no sistema, a instituição deve tê-la inserida (ou validada) nos últimos trinta dias corridos (para evitar que informações desatualizadas sejam consideradas na base de dados). Isso é feito eletronicamente via sistema administrado pelo Departamento de Estatística (DSTAT) do BCB. Como forma de incentivar a capacidade preditiva dos participantes, o Banco Central divulga periodicamente o ranking das instituições com maior acerto nas variáveis (Top 5), com base no grau de acerto dos indicadores no curto, médio e longo prazos.

O produto mais conhecido gerado a partir desse sistema é o **Focus – Relatório de Mercado**, divulgado toda segunda-feira, às 8h30. Este relatório apresenta o resumo das estatísticas dos principais indicadores macroeconômicos calculadas a partir das projeções coletadas nos trinta dias anteriores (corridos) até a data de referência do relatório. O cálculo é realizado com base nas projeções disponíveis e validadas até a sexta-feira anterior à divulgação do Relatório.

No Relatório de Mercado, são apresentadas as medianas das projeções anuais para alguns dos indicadores econômicos brasileiros mais relevantes. Esses indicadores são relacionados no Quadro 7.1 (segmentados pelos temas macroeconômicos a que se referem).

Quadro 7.1 – Relatório de Mercado – Indicadores Econômicos Relacionados

Inflação, Atividade Econômica, Juros e Câmbio
IPCA (variação %)
PIB Total (variação % sobre o ano anterior)
Taxa de Câmbio (R$/US$ – fim de período)
Taxa de Juros Selic (% ao ano – fim de período)
IGP-M (variação %)
IPCA Preços Administrados (variação %)
Contas Externas
Conta Corrente (US$ bilhões)
Balança Comercial (US$ bilhões)
Investimento Estrangeiro Direto no País (US$ bilhões)
Contas Públicas
Dívida Líquida do Setor Público (% do PIB)
Resultado Primário do Setor Público (% do PIB)
Resultado Nominal do Setor Público (% do PIB)

Fonte: Banco Central do Brasil – Elaboração Própria.

Além da mediana mais recente das projeções, o documento também apresenta seus valores relativos à semana anterior, às quatro semanas anteriores e aos últimos cinco dias úteis. Ele também apresenta o número de semanas em que a variável cresceu, caiu ou permaneceu estável, bem como o número de respostas consideradas em cada mediana das projeções.

Para as variáveis IPCA, Taxa de Câmbio, Taxa Selic e IGP-M, o Relatório apresenta as projeções de curto prazo, considerando a mediana das projeções de um a três meses. Para as variáveis IPCA e IGP-M, o documento apresenta a inflação suavizada doze meses à frente.

Além do Relatório de Mercado, o Banco Central também divulga relatórios mensais e anuais que apresentam a classificação das melhores instituições quanto ao acerto das projeções (**Top 5**), e o **Focus Distribuições de Frequência**, que apresenta as distribuições de frequência para as projeções do IPCA, taxa de juros Selic, variação do PIB e taxa de câmbio para três momentos recentes.

Por fim, o Banco Central também disponibiliza em seu site o **Portal de Dados Abertos**, onde as estatísticas das projeções de mercado são disponibilizadas na forma de dados abertos.

7.2.2 Importância

As informações disponibilizadas pelo Sistema de Expectativas de Mercado são importantes tanto no contexto das decisões de política monetária do Banco Central, quanto para os agentes privados, que utilizam essas informações no âmbito de suas decisões de negócios em diferentes horizontes temporais.

Do ponto de vista da formulação da política monetária, essas informações são incorporadas nos modelos econométricos do Banco Central para avaliar o comportamento futuro da inflação e sua convergência para o centro da meta. Ademais, elas permitem que o BC afira acerca do grau relativo da ancoragem das expectativas em torno das metas estabelecidas no curto, médio e longo prazos. A ampliação dos desvios dessas expectativas das metas estabelecidas pode representar uma diminuição dessa ancoragem, podendo levar o BC a agir de forma mais dura (elevando os juros) na política monetária.

Do lado dos agentes privados, a disponibilidade das informações permite que eles tenham um balizamento mais adequado sobre as perspectivas relativas às principais variáveis macroeconômicas, com base nas projeções formuladas. Isso contribui, do ponto de vista empresarial, para o planejamento de médio e longo prazos, permitindo traçar cenários mais consistentes a partir das informações disponibilizadas.

No mercado financeiro, as informações são acompanhadas de perto, uma vez que também são utilizadas nos modelos que os departamentos econômicos elaboram. Elas também sinalizam as trajetórias das variáveis macroeconômicas. Dependendo de sua evolução, elas podem sinalizar mudanças na política monetária mais adiante, o que afeta os mercados futuros, o mercado cambial e a bolsa de valores.

7.2.3 Como interpretar

O Sistema de Expectativas de Mercado disponibiliza um conjunto amplo de informações, uma vez que contempla as projeções de um grande número de instituições para um conjunto abrangente de indicadores macroeconômicos brasileiros. Conforme mencionado anteriormente, essas informações ficam disponibilizadas no **Portal de Dados Abertos** do Banco Central. Seu acesso, análise estatística e uso em modelos depende da finalidade e da modelagem que o usuário pretende empregar no uso desses dados.

No entanto, o **Focus – Relatório de Mercado**, que é o produto mais conhecido gerado a partir desse sistema, tem uma estrutura relativamente bem consolidada, apresentando a mediana das projeções de mercado para um conjunto de indicadores da economia brasileira bem definidos (relacionados na sessão anterior).

É possível observar as tendências de curto e médio prazo das projeções dos indicadores econômicos relacionados no relatório. Para cada indicador, o documento apresenta a mediana atual das projeções anuais, bem como a mediana na semana anterior e quatro semanas antes de cada indicador. Adicionalmente, é apresentado o número de semanas em que a mediana das projeções subiu, caiu ou se manteve estável, bem como o número de respondentes considerados no cálculo da mediana.

A partir dessa estrutura, a evolução da mediana das projeções pode ser acompanhada ao longo do tempo. Vários fatores econômicos afetam as projeções de mercado, para cima ou para baixo. O Quadro 7.2 aponta alguns dos principais fatores que influenciam as principais projeções do mercado e que acabam por influenciar suas trajetórias ao longo do tempo.

Quadro 7.2 – Relatório de Mercado – Indicadores Econômicos Relacionados

Grupos de Indicadores	Fatores que Potencialmente Afetam as Projeções de Mercado
i. Inflação, Atividade Econômica, Juros e Câmbio	
Inflação (IPCA e IGP-M)	» Resultados da inflação de curto prazo acima ou abaixo do esperado » Atividade econômica mais aquecida (ou desaquecida) que a projetada, sinalizando maior (ou menor) pressão de preços » Apreciações ou depreciações acentuadas do real frente às demais moedas » Variações consideráveis nos preços internacionais de commodities (minérios, produtos agrícolas, petróleo etc.) » Mudanças nas alíquotas de impostos indiretos » Alterações de regras de reajustes de preços administrados » Mudanças na orientação da política econômica (monetária ou fiscal) que venham a ter impactos nas perspectivas de inflação de médio e longo prazos.
Atividade Econômica (PIB)	» Resultados de curto prazo (PIB trimestral divulgado pelo IBGE) que apresentem desvios consideráveis em relação às projeções » Comportamento dos indicadores da atividade econômica (produção industrial, venda no comércio etc.) que indiquem que a economia está mais aquecida ou desaquecida que o esperado » Mudanças nas projeções de inflação que indiquem que o Banco Central deverá elevar (ou diminuir) os juros mais do que o esperado » Alterações na orientação da política econômica (monetária ou fiscal), que gerem impactos sobre a atividade econômica.
Taxa de Juros Selic (fim de período)	» Divulgação de indicadores econômicos (inflação ou atividade) que apresentem desvios consideráveis em relação às projeções estabelecidas » Mudanças nas expectativas de inflação que sinalizem desvios significativos de sua trajetória futura em relação às metas estabelecidas » Mudanças nas percepções acerca da atividade econômica e do crescimento do PIB que indiquem nível de atividade mais aquecida (ou desaquecida) que o esperado » Mudanças no cenário econômico internacional (taxas de juros, crescimento econômico global etc.).

(Continua)

Grupos de Indicadores	Fatores que Potencialmente Afetam as Projeções de Mercado
Taxa de Câmbio (R$/US$ – fim de período)	» Mudanças nas projeções das contas externas que possam indicar maior ou menor fluxo de dólares para a economia brasileira » Alterações no diferencial de juros praticados domesticamente e aqueles praticados no resto do mundo (que afetam o ingresso e a saída de recursos do país devido à maior ou menor atratividade relativa da economia brasileira) » Mudanças na percepção do risco Brasil.
ii. Contas Externas	
Conta Corrente (US$ bilhões)	» Resultados de curto prazo que desviem em relação às projeções estabelecidas » Apreciações ou depreciações acentuadas do real frente às demais moedas » Grau relativo de aquecimento da economia brasileira e da economia global » Comportamento dos preços internacionais das commodities » Mudanças relevantes nas projeções das contas de serviços e rendas.
Balança Comercial (US$ bilhões)	» Resultados de curto prazo que desviem em relação às projeções estabelecidas » Apreciações ou depreciações acentuadas do real frente às demais moedas » Grau relativo de aquecimento da economia brasileira e da economia global » Comportamento dos preços internacionais das commodities.
Investimento Estrangeiro Direto no País (US$ bilhões)	» Resultados de curto prazo que desviem em relação às projeções estabelecidas » Maior ou menor expectativa de crescimento da economia brasileira (relativamente às demais economias emergentes) » Variações acentuadas da taxa de câmbio » Mudanças na percepção de risco da economia brasileira que possam afetar a confiança dos investidores potenciais no país.

(Continua)

Grupos de Indicadores	Fatores que Potencialmente Afetam as Projeções de Mercado
iii. Contas Públicas	
Dívida Líquida do Setor Público (% do PIB)	» Desvios significativos do resultado primário de curto prazo em relação ao projetado » Mudanças na política monetária que indiquem patamares de juros maiores (ou menores) que o esperado » Mudanças significativas nas perspectivas de crescimento econômico e/ou da inflação que venham a alterar significativamente as projeções do PIB nominal » Indicações de alteração da política fiscal praticada pelo governo.
Resultado Primário do Setor Público (% do PIB)	» Desvios significativos do resultado primário de curto prazo em relação ao projetado » Mudanças significativas nas perspectivas de crescimento econômico e/ou da inflação que venham a alterar significativamente as projeções do PIB nominal » Indicações de alteração da política fiscal praticada pelo governo.
Resultado Nominal do Setor Público (% do PIB)	» Desvios significativos do resultado primário de curto prazo em relação ao projetado » Mudanças na política monetária que indiquem patamares de juros maiores (ou menores) que o esperado » Mudanças significativas nas perspectivas de crescimento econômico e/ou da inflação que venham a alterar significativamente as projeções do PIB nominal » Indicações de alteração da política fiscal praticada pelo governo.

Fonte: Banco Central do Brasil – Elaboração Própria.

A análise do Quadro 7.2, que retrata os efeitos de eventos econômicos sobre as projeções, permite que seja feita uma leitura acerca da evolução dinâmica do cenário econômico, tomando por base seu comportamento.

Por exemplo, uma alta dos preços internacionais de commodities, oriunda de uma aceleração do ritmo do crescimento econômico global, terá efeitos sobre as projeções de inflação, elevando-as. Caso essa elevação seja configurada como um desvio expressivo das expectativas de inflação em relação às metas estabelecidas, e sua dimensão seja tal que gere efeitos potenciais de segunda ordem com impacto em outros preços da economia, isso poderia levar o Banco Central a elevar os juros. Isso será observado nas projeções de mercado para a meta da taxa de juros Selic. Note-se que os efeitos desse evento não ficarão restritos apenas aos impactos da inflação. A aceleração do crescimento econômico global e o aumento dos preços internacionais de commodities impactarão positivamente as contas externas brasileiras, uma vez que as exportações brasileiras deverão crescer ante esse quadro. Com isso, deverá ser observada no âmbito do **Relatório de Mercado** uma melhora nas projeções das contas externas. As projeções das contas públicas também poderão ser impactadas por esse evento, ainda que em menor magnitude em um primeiro momento. Uma aceleração das exportações tende a estimular a economia, aumentando o ritmo de crescimento do PIB. Ao mesmo tempo, a maior inflação (ao lado de um PIB maior que o esperado) aumentará o PIB nominal acima do esperado, levando a uma melhora na perspectiva da relação dívida pública líquida/PIB (os demais indicadores fiscais também serão afetados por essa via). Entretanto, caso o aperto de juros se materialize, as projeções em torno das contas públicas (resultado nominal e relação dívida pública/PIB) tendem a piorar no médio prazo em função da maior despesa de juros com a dívida pública.

Dessa forma, é possível interpretar diferentes cenários conjugando a evolução das projeções relacionadas no **Relatório de Mercado** com os eventos econômicos (e políticos) que afetem as variáveis econômicas relacionadas.

7.2.4 Detalhando o indicador

Conforme apontado anteriormente, o Departamento de Estatísticas (DSTAT) do Banco Central é o órgão responsável pelo gerenciamento do Sistema de Expectativas de Mercado, que é uma interface via web onde os participantes (instituições financeiras, consultorias, empresas não financeiras etc.) inserem suas projeções para os diferentes indicadores econômicos.

Embora possa ser acessado a qualquer momento pelos participantes, o sistema consolida as informações todo dia útil às 17h, gerando as estatísticas (média, mediana, desvio padrão, valor máximo, valor mínimo e número de respondentes) para aquele dia. As informações inseridas após esse horário são consideradas para o dia útil seguinte.

Conforme descrito anteriormente, o Relatório de Mercado, divulgado semanalmente pelo Banco Central em seu site, sintetiza a mediana de um conjunto de indicadores macroeconômicos inseridos no sistema. Contudo, a totalidade de indicadores e o horizonte temporal para cada variável projetada é mais amplo do que o divulgado no documento. O Quadro 7.3 apresenta o tipo de variável, a variável projetada, os horizontes temporais para cada variável projetada e o tipo de projeção inserida no sistema.

Quadro 7.3 – Variáveis com Expectativas Coletadas pelo Sistema de Expectativas de Mercado

<table>
<tr><th>Tipo de Variável</th><th>Variável Projetada</th><th colspan="3">Horizontes Temporais para Cada Variável Projetada</th><th colspan="2">Tipo de Projeção Inserida no Sistema</th></tr>
<tr><th></th><th></th><th>Meses</th><th>Trimestres</th><th>Anos</th><th>Mensal</th><th>Trimestral/ Anual</th></tr>
<tr><td rowspan="2">Índices de Preços</td><td>IPCA e Subconjuntos</td><td>25</td><td></td><td>5</td><td>m/m %</td><td>a/a %</td></tr>
<tr><td>IGP-M</td><td>18</td><td></td><td>5</td><td>m/m %</td><td>a/a %</td></tr>
<tr><td rowspan="11">Atividade Econômica</td><td>Taxa de Desocupação</td><td>18</td><td></td><td>5</td><td>%</td><td>%</td></tr>
<tr><td>PIB Total</td><td></td><td>8</td><td>5</td><td></td><td>t/t % e a/a %</td></tr>
<tr><td>PIB Agropecuária</td><td rowspan="9"></td><td rowspan="9"></td><td rowspan="9">5</td><td rowspan="9"></td><td rowspan="9">a/a %</td></tr>
<tr><td>PIB Indústria</td></tr>
<tr><td>PIB Serviços</td></tr>
<tr><td>PIB Despesa de Consumo das Famílias</td></tr>
<tr><td>PIB Despesa de Consumo da Administração Pública</td></tr>
<tr><td>Formação Bruta de Capital Fixo (FBCF)</td></tr>
<tr><td>PIB Exportação de Bens e Serviços</td></tr>
<tr><td>PIB Importação de Bens e Serviços</td></tr>
<tr><td></td></tr>
<tr><td>Taxa de Câmbio</td><td>PTAX – Média do Período (R$/US$)</td><td>24</td><td></td><td>5</td><td></td><td></td></tr>
<tr><td>Taxa Selic</td><td>Meta – Fim de Período</td><td>16</td><td></td><td>5</td><td>% a.a.</td><td>% a.a.</td></tr>
<tr><td rowspan="3">Balança Comercial</td><td>Exportação</td><td rowspan="3"></td><td rowspan="3"></td><td rowspan="3">5</td><td rowspan="3"></td><td>US$ bilhões</td></tr>
<tr><td>Importação</td><td>US$ bilhões</td></tr>
<tr><td>Saldo Comercial</td><td>US$ bilhões</td></tr>
</table>

(Continua)

Tipo de Variável	Variável Projetada	Horizontes Temporais para Cada Variável Projetada			Tipo de Projeção Inserida no Sistema	
		Meses	**Trimestres**	**Anos**	**Mensal**	**Trimestral/ Anual**
Balanço de Pagamentos	Saldo em Transações Correntes			5		US$ bilhões
	Investimento Direto no País					US$ bilhões
Fiscal	Resultado Primário do Setor Público Consolidado			10		% do PIB
	Resultado Nominal do Setor Público Consolidado					% do PIB
	Dívida Bruta do Governo Geral					% do PIB
	Dívida Líquida do Setor Público					% do PIB

Fonte: Banco Central do Brasil – Elaboração Própria.

O Sistema de Expectativas calcula automaticamente as projeções anuais a partir das informações inseridas em horizontes mais curtos, caso a totalidade das informações tenha sido efetivamente inserida. Caso contrário (na ausência de alguns meses ou trimestres nas projeções das variáveis), o sistema permite que a projeção anual seja inserida pela instituição.

O sistema, conforme mencionado anteriormente, considera válida a informação inserida ou revalidada pela instituição nos últimos trinta dias. A partir desse período, se a projeção não tenha sido inserida ou deixe de ser revalidada, ela deixa de sensibilizar o sistema para efeitos de cálculo.

As instituições não são obrigadas a inserir projeções para todas as variáveis macroeconômicas que constam no Sistema de Expectativas. Em alguns casos, as instituições se especializam em fornecer projeções apenas para alguns indicadores, especializando-se neles.

Se o sistema não for alimentado pela instituição por seis meses, ela terá sua entrada bloqueada e, caso deseje, deve solicitar seu reingresso.

7.3 INDICADOR DE INCERTEZA DA ECONOMIA (IIE-Br)

Impacto: ★★

Onde Obter: https://portalibre.fgv.br/

Divulgação: Mensal, conforme calendário divulgado no site da instituição.

7.3.1 Descrição

O Indicador de Incerteza da Economia (IIE-Br), da Fundação Getulio Vargas (FGV), tem como objetivo mensurar o grau relativo de incerteza acerca das perspectivas da economia brasileira. O indicador é construído a partir de informações coletadas a partir de notícias de jornais que fazem menção à incerteza e das dispersões das expectativas de mercado para o IPCA, a taxa de juros e a taxa de câmbio.

7.3.2 Importância

Ao longo da última década, os indicadores de confiança e de incerteza ganharam cada vez mais espaço no acompanhamento conjuntural da economia brasileira. Isso se deve ao fato de que esses indicadores tendem a sinalizar (e antecipar) o comportamento da atividade econômica e de outras variáveis, como investimentos, inflação etc.

O IIE-Br representa um passo nessa direção, e sua evolução tende a denotar movimentos de melhora ou piora no cenário econômico.

Por conta disso, o indicador representa um elemento importante na análise das tendências acerca da conjuntura econômica brasileira.

7.3.3 Como interpretar

O IIE-Br é de fácil interpretação: sua elevação está associada a um aumento das incertezas a respeito da economia do país, enquanto a queda está relacionada a um quadro de declínio dessas incertezas.

Sob esse ponto de vista, um aumento do IIE-Br pode ser associado a um quadro que inspira maior cautela junto aos agentes econômicos. O inverso ocorre em uma situação de queda do indicador.

7.3.4 Detalhando o indicador

O IIE-Br integra duas medidas em seu cálculo:

- IIE-Br Mídia, que é construído a partir da frequência relativa de notícias com menção à incerteza; e
- IIE-Br Expectativas, calculado a partir das dispersões das projeções dos especialistas para o IPCA, taxa de juros Selic e taxa de câmbio.

A coleta das informações para o cálculo do índice é realizada entre o dia 26 do mês anterior ao de referência até o dia 25 do mês de referência. A FGV definiu o período entre janeiro de 2006 e dezembro de 2015 (janela de referência) para o cálculo da média e do desvio padrão utilizados na padronização das séries históricas do indicador.

No caso do IIE-Mídia, a construção da medida é realizada com base na frequência de notícias relacionadas ao tema. A pesquisa divide os termos em econômicos e de incerteza; para que a notícia seja classificada como de incerteza, deve haver menção de, pelo menos, um termo de cada grupo.

Com foco em ter a maior representatividade regional possível, a FGV selecionou seis jornais como base para o indicador: *O Estado de São Paulo*, *Folha de São Paulo*, *O Globo*, *Valor Econômico*, *Correio Brasiliense* e *Zero Hora*.

A proporção relativa das notícias de incerteza é apurada para a mídia impressa e online dos jornais, sendo definida como:

$$p_{k,t} = \frac{I_{k,t}}{T_{k,t}}$$

Onde $T_{k,t}$ representa o total de notícias publicadas pelo veículo de mídia k no mês t e $I_{t,k}$ é o total de notícias classificadas como de incerteza. Note-se que o índice k é correspondente tanto ao jornal impresso quanto ao online.

Dessa forma, a incerteza na mídia é dada pela seguinte relação:

$$p_{mídia,t} = \frac{p_{impresso,t} + p_{online,t}}{2}$$

Em outras palavras, a proporção da incerteza na mídia é dada pela média aritmética simples entre as proporções de notícias que preenchem os critérios descritos no jornal impresso e na mídia online. O IIE-Br é construído a partir da padronização da série histórica da p_{midia}, dada a janela de referência especificada.

No caso do IIE-Br Expectativa, a construção da medida se dá por meio dos coeficientes de variação (CV) das projeções do IPCA acumulado para os próximos doze meses e da taxa de câmbio e da taxa de juros Selic para doze meses à frente.

A FGV coleta os dados do IPCA no último dia anterior à divulgação do IPCA-15, e a taxa de juros Selic e a taxa de câmbio no 15º dia do mês corrente ou no dia útil anterior a essa data.

A incerteza das expectativas (I_{Exp}) é calculada a partir da média aritmética das três séries apontadas:

$$I_{Exp} = \frac{CV_{Câmbio} + CV_{Selic} + CV_{IPCA}}{3}$$

O IIE-Br Expectativa é obtido a partir da padronização da I_{Exp}, a partir de sua média e de seu desvio padrão no período de referência.

A partir do IIE-Br Mídia e do IIE-Br Expectativa, a FGV calcula o IIE-Br a partir da seguinte fórmula:

$$IIE - Br = 0{,}8. IIE - Br_{Mídia} + 0{,}2. IIE - Br_{Expectativa}$$

7.4 ÍNDICE DE CONFIANÇA DO CONSUMIDOR (ICC)

Impacto: ★

Onde Obter: https://portalibre.fgv.br/

Divulgação: Mensal, conforme calendário divulgado no site da instituição.

7.4.1 Descrição

O Índice de Confiança do Consumidor (ICC) é calculado mensalmente pela FGV a partir da pesquisa da Sondagem de Expectativas do Consumidor, realizada pela instituição. As sondagens são um levantamento estatístico que procura estabelecer um parâmetro acerca da situação atual e das condições futuras da economia.

Diferentemente das pesquisas tradicionais, as sondagens têm agilidade entre a coleta da informação e a divulgação dos dados, tornando o resultado da pesquisa útil do ponto de vista de um indicador que sinaliza e antecipa o ciclo econômico.

O Índice de Confiança do Consumidor é construído a partir de cinco quesitos integrantes da sondagem: i) situação econômica local no momento; ii) situação financeira da família no momento; iii) situação econômica local nos próximos seis meses; iv) situação financeira nos próximos seis meses; e v) intenção de compra de bens duráveis nos próximos seis meses.

As perguntas i) e ii) referem-se à situação corrente e formam o Índice de Situação Atual (ISA), e as perguntas iii), iv) e v) são referentes ao futuro e formam o Índice de Expectativas (IE). O ICC é formado pela média aritmética dos cinco quesitos.

Os índices são divulgados mensalmente pela FGV, sendo padronizados com média de 100 pontos e desvio padrão de 10 pontos para o período compreendido entre julho de 2010 e janeiro de 2015. Os índices (ICC, ISA e IE) são apresentados em formato original e sazonalmente ajustados pela FGV.

A sondagem é realizada com uma amostra de 2 mil informantes em 7 capitais do país: Belo Horizonte, Brasília, Porto Alegre, Recife, Rio de Janeiro, Salvador e São Paulo.

7.4.2 Importância

As pesquisas de confiança têm cada vez mais importância no monitoramento da atividade econômica de curto prazo no Brasil nos últimos anos. Isso se deve ao fato de que elas fornecem informações rápidas sobre a percepção dos agentes econômicos acerca do estado da economia e de suas perspectivas.

Por conta disso, o acompanhamento do ICC tem ganhado cada vez mais destaque, como uma maneira de capturar de forma contemporânea as tendências do consumo no curto prazo.

7.4.3 Como interpretar

O ICC é construído de forma a capturar o sentimento dos consumidores quanto ao estado da economia e suas perspectivas futuras (seis meses adiante). Consumidores otimistas e confiantes tendem a consumir mais e também planejam realizar alguma compra no futuro. Por outro lado, consumidores pessimistas tendem a ser conservadores em suas decisões de consumo, adiando suas compras e postergando projetos de novas aquisições. Nesse contexto, a confiança do consumidor atua como um indutor que pode estimular ou desestimular o consumo.

Dessa forma, o monitoramento do sentimento do consumidor oferece pistas acerca das decisões de gastos das famílias e nos impactos em termos da demanda e no crescimento no curto prazo.

Conforme apontado anteriormente, o ICC é construído a partir de quesitos que envolvem o estado atual da economia, que permitem a construção do Índice de Situação Atual (ISA), e que envolvem as perspectivas seis meses adiante, que permitem construir o Índice de Expectativas (IE). A melhor forma analítica de interpretar esse índice a cada divulgação é monitorar sua evolução em termos dessazonalizados. O mesmo ocorre com o ISA e o IE, o que possibilita inferir se as variações na confiança são decorrentes de mudanças na percepção do estado atual ou das perspectivas futuras da economia do ponto de vista dos consumidores.

Isso significa que diferentes combinações de percepção dos consumidores podem afetar o ICC. O Quadro 7.4 ilustra as diferentes combinações e efeitos possíveis da percepção dos consumidores quanto à situação atual e às perspectivas futuras.

Quadro 7.4 – Variação Dessazonalizada no ISA e no IE e Efeitos Sobre o Consumo

ISA	IE	Efeitos
Alta	Alta	Consumidores melhorando sua percepção quanto ao estado atual e futuro da economia (seis meses adiante), o que deve ter um impacto positivo sobre o consumo.
Alta	Queda	Consumidores com melhor percepção quanto ao estado atual, o que tende a impactar o consumo corrente. No entanto, a piora de suas expectativas quanto ao futuro pode tornar suas decisões de consumo mais conservadoras adiante.
Queda	Alta	Consumidores percebem uma piora no estado atual da economia, o que tende a afetar seu consumo corrente. Esse efeito, conjugado a uma percepção de melhora do cenário mais adiante, pode induzir a uma postergação do consumo no curto prazo.
Queda	Queda	Nesse quadro, os consumidores vislumbram uma piora tanto do cenário atual quanto das perspectivas futuras. Esse tipo de configuração tende a tornar os consumidores mais conservadores em suas decisões de novas aquisições, o que pode levar a uma redução no consumo.

Fonte: Elaboração Própria.

Dessa forma, o ICC procura, em função de suas variações ao longo do tempo, capturar o sentimento dos consumidores no que tange aos aspectos presentes e futuros da economia.

7.4.4 Detalhando o indicador

O Índice de Confiança do Consumidor (ICC) é construído a partir da Sondagem do Consumidor, realizada mensalmente pela FGV. Bem amplo, visa gerar indicadores que antecipem tendências futuras para o setor de consumo.

Ele incorpora quesitos relacionados à situação econômica como um todo, à situação financeira da família, ao mercado de trabalho, à intenção de gastos com bens duráveis, viagens e às expectativas relacionadas à inflação e à taxa de juros.

Em termos de horizonte temporal, a pesquisa segmenta as perguntas de acordo com a seguinte abordagem:

a) avaliações sobre o instante em que a sondagem é efetuada;
b) previsões para os seis meses seguintes a partir do mês de referência;
c) avaliações sobre os doze meses anteriores ao mês de referência da pesquisa; e
d) previsões para os próximos doze meses.

A FGV obtém as informações básicas dos consumidores a partir de um cadastro relativamente amplo e confiável.

O Quadro 7.5 apresenta os quesitos que a FGV apura com os consumidores em sua sondagem mensal. Note-se que ela é mais ampla em termos de informações do que aquelas utilizadas para efeitos de cálculo do ISA, do IE e do ICC.

Quadro 7.5 – Quesitos Relacionados na Sondagem do Consumidor

Quesito	Período de Referência para as Respostas	Opções de Resposta
A Situação da Economia Local	No momento(*)	Muito boa, boa, normal, ruim, muito ruim
	Próximos seis meses(**)	Muito melhor, um pouco melhor, igual, um pouco pior, muito pior

(Continua)

Quesito	Período de Referência para as Respostas	Opções de Resposta
Emprego	No momento	Muito fácil, fácil, normal, difícil, muito difícil
	Próximos seis meses	Muito mais fácil, um pouco mais fácil, igual, um pouco mais difícil, muito mais difícil
A Situação Financeira de Sua Família	No momento(*)	Muito boa, boa, normal, ruim, muito ruim
	Próximos seis meses(**)	Muito melhor, um pouco melhor, igual, um pouco pior, muito pior
Poupança	No momento	Poupando muito, poupando pouco, situação equilibrada, utilizando recursos da poupança para cobrir gastos correntes, endividando-se
Compras de Bens Duráveis	Próximos seis meses(**)	Muito maiores, um pouco maiores, iguais, um pouco menores, muito menores
Viagem de férias	Próximos seis meses	Sim, incerto, não
Destino	Próximos seis meses	Dentro e/ou fora do Brasil
Inflação	Próximos doze meses	Em porcentual
Taxa de juros	Próximos seis meses	Subir, manter-se, cair

(*) Quesito faz parte do Índice de Situação Atual (ISA)
(**) Quesito faz parte do Índice de Expectativas (IE)

Fonte: FGV IBRE – Elaboração Própria.

A partir do levantamento, a FGV realiza a padronização para cada quesito individualmente. O ISA, o IE e o ICC são calculados a partir da média aritmética dos indicadores padronizados que os integram, sendo que cada índice-síntese também é padronizado.

Para efeitos de ajuste sazonal, a FGV utiliza o método X-13 ARIMA-SEATS, sendo que esse procedimento é realizado sobre o indicador padronizado de cada quesito. Da mesma forma que a série não dessazonalizada, os índices são construídos a partir dos indicadores que os integram, sendo que os índices-síntese dessazonalizados também são padronizados.

7.5 ÍNDICE DE CONFIANÇA EMPRESARIAL

Impacto: ★

Onde Obter: https://portalibre.fgv.br/

Divulgação: Mensal, conforme calendário divulgado no site da instituição.

7.5.1 Descrição

O Índice de Confiança Empresarial (ICE) passou a ser divulgado pela FGV a partir de maio de 2017, calculado a partir da agregação dos indicadores de confiança da indústria de transformação, do comércio, dos serviços e da construção civil. Além do indicador agregado, a FGV também divulga o Indicador de Situação Atual Empresarial (ISA-E) e o Índice de Expectativas Empresariais (IE-E), que compõem o ICE.

7.5.2 Importância

O Índice de Confiança Empresarial (ICE) sintetiza a percepção do empresariado quanto ao estado atual da economia e suas perspectivas sob a ótica agregada dos setores monitorados pela FGV. O ICE, assim como os demais indicadores de confiança divulgados pela instituição, tem ganhado importância tanto no monitoramento da situação corrente da economia quanto de suas principais tendências.

7.5.3 Como interpretar

Assim como os demais indicadores de confiança produzidos pela FGV a partir de suas sondagens setoriais, a forma de interpretar o ICE é bem simples: um aumento no indicador representa uma melhoria na confiança no setor de serviços, ocorrendo o inverso em caso de queda. A FGV, assim como nos demais indicadores de confiança, divulga esse indicador com e sem ajuste sazonal, o que permite a comparação em bases mensais livres de fatores sazonais e comparações em relação a anos anteriores para o mesmo período (o que pode ser feito na série original). Os resultados apresentados também são desmembrados nos índices-síntese que compõem o ICE, o ISA-E e o IE-E, o que permite avaliar também a evolução da atual situação dos negócios no setor e sua tendência de médio prazo.

7.5.4 Detalhando o indicador

Conforme apontado anteriormente, o Índice de Confiança Empresarial (ICE) é constituído pelos quatro índices de confiança dos setores nos quais a FGV realiza sondagens (indústria de transformação, comércio, serviços e construção civil).

O Quadro 7.6 apresenta os quesitos que compõem cada indicador da situação atual e de expectativas para cada setor. O ISA-E e o IE-E são calculados a partir dos respectivos indicadores de situação atual e de expectativas para cada setor, seguindo a ponderação definida pela FGV.

Quadro 7.6 – Detalhamento dos Quesitos que Integram o ISA e o IE em Cada Setor

Sondagens	ISA	IE
Indústria	Demanda atual; estoques; situação atual	Produção prevista; tendência dos negócios; emprego previsto
Serviços	Demanda atual; situação atual	Demanda prevista; tendência dos negócios
Comércio	Demanda atual; situação atual	Vendas previstas; tendência dos negócios
Construção	Carteira de contratos; situação atual dos negócios	Demanda prevista; tendência dos negócios

Fonte: FGV IBRE.

Note-se que a agregação dos indicadores de confiança empresarial é efetuada a partir dos pesos econômicos obtidos nas pesquisas estruturais setoriais realizadas pelo IBGE. A ponderação é atualizada pela FGV em janeiro de cada ano, tomando por base as duas últimas pesquisas estruturais naquele momento (historicamente, a indústria de transformação tem perdido participação no índice ao mesmo tempo que os demais setores ganharam espaço).

Assim como os demais indicadores de confiança divulgados, a FGV também apresenta os índices relativos à confiança empresarial na série original e com tratamento sazonal (o que permite sua comparação mês a mês livre de fatores sazonais).

7.6 DEMAIS INDICADORES DE CONFIANÇA

7.6.1 Índice de confiança da sondagem da indústria de transformação (ICI)

Onde Obter: https://portalibre.fgv.br/

Divulgação: Mensal, conforme calendário divulgado no site da instituição.

7.6.1.1 Descrição

O Índice de Confiança da Sondagem da Indústria de Transformação (ICI) é calculado pela Fundação Getulio Vargas (FGV) a partir da sondagem realizada no setor.

O ICI é constituído por seis indicadores que refletem o estado atual e as perspectivas para o setor: i) demanda total; ii) nível de estoques; iii) situação atual dos negócios; iv) produção prevista para os três meses seguintes; v) emprego previsto para os três meses seguintes; e vi) tendência nos negócios nos seis meses seguintes.

Os itens i) a iii) compõem o Índice de Situação Atual (ISA), e os itens iv) a vi) correspondem ao Índice de Expectativas (IE). O ISA e o IE são calculados com base na média aritmética dos indicadores padronizados dos respectivos quesitos que compõem cada índice. Assim, o ICI é obtido pela média aritmética dos indicadores padronizados dos quesitos que compõem o ISA e o IE.

7.6.2 Índice de confiança da sondagem do comércio (ICOM)

Onde Obter: https://portalibre.fgv.br/

Divulgação: Mensal, conforme calendário divulgado no site da instituição.

7.6.2.1 Descrição

O Índice de Confiança do Comércio (ICOM) é publicado mensalmente pela Fundação Getulio Vargas (FGV), a partir da sondagem realizada no setor do comércio brasileiro.

O ICOM é composto por quatro indicadores que refletem o estado atual e as perspectivas para o setor: i) situação atual dos negócios; ii) volume atual da demanda; iii) vendas previstas nos três meses seguintes; e iv) situação dos negócios nos seis meses seguintes.

Os itens i) e ii) compõem o Índice de Situação Atual (ISA), e os itens iii) e iv) correspondem ao Índice de Expectativas (IE). O ISA e o IE, assim como em outros índices gerados a partir da sondagem da FGV, são calculados com base na média aritmética dos indicadores padronizados dos respectivos quesitos que compõem cada índice. O ICOM é resultado da média aritmética dos indicadores padronizados dos quesitos que compõem o ISA-COM e o IE-COM.

7.6.3 Índice de confiança da sondagem de serviços (ICS)

Onde Obter: https://portalibre.fgv.br/

Divulgação: Mensal, conforme calendário divulgado no site da instituição.

7.6.3.1 Descrição

O Índice de Confiança de Serviços (ICS) é divulgado em bases mensais pela Fundação Getulio Vargas (FGV), a partir da sondagem realizada no setor de serviços nacional.

O ICS é constituído por quatro indicadores que refletem o estado atual e as expectativas para o setor: i) volume de demanda atual; ii) situação atual dos negócios; iii) volume de demanda nos três meses seguintes; e iv) situação dos negócios nos seis meses seguintes.

Os itens i) e ii) compõem o Índice de Situação Atual (ISA-S), e os itens iii) e iv) correspondem ao Índice de Expectativas (IE-S). O ISA-S e o IE-S, assim como em outros índices divulgados a partir da sondagem da FGV, são calculados com base na média aritmética dos indicadores padronizados dos respectivos quesitos que compõem cada índice. O ICS, dessa forma, é resultante da média aritmética dos indicadores padronizados dos quesitos que compõem o ISA-S e o IE-S.

7.6.4 Índice de confiança da sondagem da construção (ICST)

Onde Obter: https://portalibre.fgv.br/

Divulgação: Mensal, conforme calendário divulgado no site da instituição.

7.6.4.1 Descrição

O Índice de Confiança da Construção (ICST) é apurado e divulgado mensalmente pela Fundação Getulio Vargas (FGV), a partir da sondagem realizada no setor.

O ICST é composto por quatro indicadores que refletem o estado atual e as perspectivas para o setor: i) situação atual dos negócios; ii) carteira de contratos no momento; iii) demanda prevista nos três meses seguintes; e iv) situação dos negócios nos seis meses seguintes.

Os itens i) e ii) compõem o Índice de Situação Atual (ISA-CST), e os itens iii) e iv) correspondem ao Índice de Expectativas (IE-CST). O ISA-CST e o IE-CST são calculados com base na média aritmética dos indicadores padronizados dos respectivos quesitos que compõem cada índice. O ICST é obtido pela média aritmética dos indicadores padronizados dos quesitos que compõem o ISA-CST e o IE-CST.

7.7 REFERÊNCIAS

BANCO CENTRAL DO BRASIL – BCB. Perguntas Frequentes – Expectativas de Mercado. Disponível em: <https://www.bcb.gov.br/controleinflacao/faqexpectativa>. Acesso em: 13 jul. 2023.

FUNDAÇÃO GETULIO VARGAS – FGV (2018) – Indicadores de Confiança Empresarial FGV/IBRE – Aspectos Metodológicos, ago. 2018. Rio de Janeiro, RJ.

FUNDAÇÃO GETULIO VARGAS – FGV (2021) – Metodologia para o Cálculo do Indicador de Incerteza da Economia Brasil (IIE-Br), jan. 2021. Rio de Janeiro, RJ.

FUNDAÇÃO GETULIO VARGAS – FGV (2019) – Sondagem da Construção – Aspectos Conceituais e Metodológicos, abr. 2019. Rio de Janeiro, RJ.

FUNDAÇÃO GETULIO VARGAS – FGV (2019) – Sondagem da Indústria – Aspectos Conceituais e Metodológicos, abr. 2019. Rio de Janeiro, RJ.

FUNDAÇÃO GETULIO VARGAS – FGV (2021) – Sondagem de Comércio – Aspectos Conceituais e Metodológicos, jan. 2021. Rio de Janeiro, RJ.

FUNDAÇÃO GETULIO VARGAS – FGV (2019) – Sondagem de Serviços – Aspectos Conceituais e Metodológicos, abr. 2019. Rio de Janeiro, RJ.

FUNDAÇÃO GETULIO VARGAS – FGV (2021) – Sondagem do Consumidor – Aspectos Conceituais e Metodológicos, jan. 2021. Rio de Janeiro, RJ.

CAPÍTULO 8

DICAS E ORIENTAÇÕES

8.1 INTRODUÇÃO

O acompanhamento da conjuntura é fundamental para uma avaliação clara da situação econômica. O uso dos indicadores apresentados nos capítulos anteriores é essencial para essa análise, representando o insumo básico desse tipo de estudo. Dessa forma, a compreensão dos principais aspectos de cada um desses indicadores é crucial para a interpretação do quadro econômico e de suas perspectivas.

Uma boa análise faz uso articulado dessas informações, sendo aliada à compreensão da dinâmica macroeconômica que envolve essas variáveis.

No Capítulo 1, procuramos apresentar, de forma rápida, os principais elementos associados à análise da conjuntura, explicitando alguns dos eixos centrais envolvendo os grandes temas da economia: nível da atividade econômica, inflação, contas externas e contas públicas. A ênfase gerada foi a partir da análise dos indicadores econômicos e da montagem de um quadro geral acerca da economia brasileira.

No entanto, há recomendações e cuidados a serem adotados na análise que devem ser considerados. A seguir, apresentamos algumas dicas e cuidados que devem ser tomados no estudo da conjuntura econômica brasileira.

8.2 DICAS PARA REALIZAR UMA BOA ANÁLISE DE CONJUNTURA

- **Acompanhe indicadores macroeconômicos e mantenha sua análise sempre atualizada:** o estudo da conjuntura econômica faz referência à situação econômica corrente e suas perspectivas. Por conta disso, uma boa análise deve sempre ser realizada utilizando-se os indicadores mais recentemente divulgados, incorporando-os ao estudo analítico do quadro geral da conjuntura. Nada menos atrativo e interessante para uma análise dessa natureza (que se propõe a discutir a situação econômica corrente) do que o uso de indicadores econômicos defasados.
- **Considere as políticas econômicas adotadas na análise:** mantenha-se sempre atento às políticas implementadas pelo governo em relação à economia. Isso inclui ações de política monetária (taxas de juros), fiscais, reformas estruturais, mudanças regulatórias e programas sociais. Procure avaliar como essas políticas podem afetar os diferentes segmentos da economia. Para tanto, fique atento à comunicação do governo em diferentes frentes (Banco Central, Ministério da Fazenda, Ministério do Planejamento etc.).
- **Leve em consideração a conjuntura política:** o ambiente político pode influenciar a economia de várias maneiras. Analise a estabilidade política, as eleições, as relações internacionais e a capacidade do governo de implementar reformas econômicas.
- **Acompanhe o cenário internacional:** a economia brasileira está interligada com a economia global. Os eventos da economia norte-americana têm forte impacto sobre a economia brasileira e global. A economia chinesa também deve ser acompanhada de perto, uma vez que a China é o principal parceiro comercial brasileiro. A economia europeia também tem destaque no cenário global, mas seus eventos tendem a ser mais limitados em termos de impactos no mercado brasileiro.
- **Foque também setores-chave da economia:** alguns setores econômicos são fundamentais, como agricultura, indústria, serviços financeiros, tecnologia e energia. Compreender as tendências e os desafios

específicos enfrentados em cada setor permitirá uma análise mais detalhada da economia brasileira.

- **Monitore o mercado financeiro:** observe o desempenho da Bolsa de Valores, taxas de juros de longo prazo e os fluxos cambiais. Esses indicadores refletem as expectativas dos investidores e podem fornecer insights úteis sobre a percepção do mercado em relação à economia.
- **Sempre utilize fontes confiáveis:** a internet e as redes sociais estão abarrotadas de informações econômicas, sendo muitas delas de qualidade duvidosa. Dessa forma, use sempre informações de fontes confiáveis, como relatórios de instituições financeiras, órgãos governamentais, institutos de pesquisa econômica e organismos internacionais. Isso ajudará a garantir que sua análise seja embasada em dados precisos e atualizados.
- **Considere uma abordagem de longo prazo no processo decisório:** a conjuntura econômica pode variar ao longo do tempo. Nesse sentido, considere as tendências de longo prazo e evite tomar decisões baseadas apenas em flutuações de curto prazo.

8.3 CUIDADOS E ARMADILHAS A SEREM EVITADAS

- **Viés ideológico:** evite deixar que suas opiniões políticas ou preconceitos ideológicos influenciem a análise. Procure sempre utilizar uma abordagem imparcial e baseada em fatos e dados concretos.
- **Procure sempre realizar uma análise abrangente:** não se baseie apenas em um único indicador ou fator. Considere múltiplas variáveis econômicas e a relação entre elas para obter uma visão mais completa da conjuntura.
- **Tome cuidado com correlações simplistas:** seja cuidadoso ao estabelecer correlações diretas entre eventos ou indicadores econômicos. Nem sempre uma relação de causa e efeito é tão direta e simplificada.
- **Atenção ao horizonte temporal de análise:** considere o horizonte de tempo apropriado para a análise. Evite tirar conclusões de longo prazo com base em dados de curto prazo, e vice-versa. Além disso, leve em conta que os impactos de certas políticas econômicas podem levar tempo para se manifestar.

- **Contextualização histórica:** evite análises isoladas no tempo. Considere o contexto histórico para entender melhor as tendências e os padrões econômicos, levando em conta as mudanças ocorridas ao longo do tempo.
- **Tenha cuidado no uso de projeções:** seja cuidadoso ao fazer projeções ou previsões econômicas. As projeções estão sujeitas a incertezas, podem ser influenciadas por fatores imprevisíveis e têm uma limitação preditiva. Certifique-se de indicar a natureza especulativa de quaisquer previsões.
- **Procure reconhecer as limitações da análise:** reconheça as limitações da análise e a possibilidade de erros ou omissões. Evite apresentar conclusões absolutas e esteja aberto a ajustes e revisões com base em novas informações.
- **Contextualização social e política:** não ignore os aspectos sociais e políticos que podem influenciar a conjuntura econômica. Fatores como desigualdade, instabilidade política e mudanças na legislação podem ter um impacto significativo na economia.

8.4 PRINCIPAIS FONTES DE INFORMAÇÃO

Conforme apontado, o uso de fontes de informação confiáveis é fundamental no contexto de uma boa análise da conjuntura econômica. Essas fontes foram indicadas ao longo dos capítulos anteriores. A listagem a seguir apresenta algumas das principais fontes de informações econômicas brasileiras e os respectivos sites para acessá-las.

Principais fontes:

- **Instituto Brasileiro de Geografia e Estatística (IBGE) (www.ibge.gov.br):** o IBGE é responsável por fornecer dados estatísticos abrangentes sobre a economia brasileira. Seu site oferece acesso a informações sobre PIB, inflação, desemprego, contas nacionais, índices de preços, pesquisas domiciliares, entre outros.
- **Banco Central do Brasil (www.bcb.gov.br):** o site do Banco Central do Brasil é uma fonte fundamental de informações econômicas, incluindo estatísticas, relatórios, comunicados de imprensa, publicações e indicadores econômicos, como taxas de juros, inflação, câmbio, reservas internacionais, entre outros.

- **Instituto de Pesquisa Econômica Aplicada (IPEA) (www.ipea.gov.br)**: o IPEA é uma instituição de pesquisa vinculada ao governo brasileiro. Seu site disponibiliza estudos, relatórios, análises e indicadores econômicos sobre diversas áreas, como desenvolvimento econômico, política fiscal, mercado de trabalho e setores específicos da economia.
- **Fundação Getulio Vargas (FGV) (portalibre.fgv.br)**: a FGV é uma renomada instituição de pesquisa econômica e social no Brasil. Seu portal oferece acesso a indicadores econômicos, pesquisas, estudos, análises e publicações sobre diferentes aspectos da economia brasileira, incluindo inflação, confiança do consumidor, mercado de trabalho, entre outros.
- **Ministério da Fazenda (www.gov.br/fazenda)**: o Ministério da Fazenda disponibiliza informações sobre políticas econômicas, reformas, programas governamentais, estatísticas fiscais, balança comercial e outras áreas relacionadas à economia.
- **Instituições financeiras e corretoras**: bancos, corretoras e instituições financeiras costumam fornecer análises econômicas e relatórios de pesquisa sobre a conjuntura econômica do Brasil. Alguns exemplos são o Banco Itaú (www.itau.com.br/itaubba-pt/analises-economicas), o Banco Bradesco (www.economiaemdia.com.br/SiteEconomiaEmDia), o Banco Santander (www.santander.com.br/analise-economica) e a XP Investimentos (https://conteudos.xpi.com.br/economia/).
- **Jornais**: o jornal *Valor Econômico* (www.valor.globo.com) é especializado em assuntos econômicos e financeiros, sendo uma boa fonte de informações. Os jornais *O Estado de São Paulo* (www.estadao.com.br) e *Folha de São Paulo* (www.folha.uol.com.br) possuem seções de economia e política, além de colunistas, que são boas fontes de informações e análises.
- **Sites especializados**: o site Infomoney (www.infomoney.com.br) e Investing.com (www.investing.com) possuem informações de economia e de mercado que são muito úteis.

8.5 INDICADORES ECONÔMICOS INTERNACIONAIS

Por fim, conforme apontado anteriormente, a economia brasileira é influenciada pelos eventos e desempenho econômico de outros países. Sob essa perspectiva, dada a dimensão do impacto sobre nossa economia, o monitoramento dos principais indicadores de algumas economias merece destaque. Na listagem a seguir, apresentamos alguns dos principais indicadores da economia norte-americana, da economia europeia e da China.

8.5.1 Indicadores da economia norte-americana

- **Produto Interno Bruto – PIB (*Gross Domestic Product*)**: o PIB é uma medida abrangente do valor de mercado de todos os bens e serviços finais produzidos em um determinado período. O *Bureau of Economic Analysis (BEA)* dos EUA é responsável por fornecer dados relacionados ao PIB. Você pode encontrar informações sobre o PIB no site do *BEA*: www.bea.gov.
- **Índice de Preços ao Consumidor (*Consumer Price Index – CPI*)**: mede a inflação de bens e serviços percebida pelo consumidor. Além da medida cheia, que inclui todos os itens relativos a bens e serviços, também é divulgado o núcleo do índice, que exclui alimentos e energia. O *Bureau of Labor Statistics (BLS)* é responsável por calcular e publicar o *CPI* nos EUA. Você pode encontrar informações detalhadas sobre o *CPI* no site do *BLS* (www.bls.gov), que apresenta a variação mensal e a acumulada em doze meses.
- **Núcleo do Índice de Preços de Despesas de Consumo Pessoal (*Core Personal Expenditure – PCE – Price Index*)**: esse indicador monitora a evolução dos bens e serviços adquiridos pelos consumidores para fins de consumo. Essa medida exclui alimentos e energia. Neste índice, os preços são ponderados segundo a despesa total por item, representando a mudança dos preços do ponto de vista do consumidor. O Fed (banco central dos EUA) acompanha de perto a evolução desse indicador, sendo uma das medidas mais importantes de inflação na economia norte-americana. Esse indicador é divulgado mensalmente pelo *Bureau of Economic Analysis – BEA*.
- **Taxa de Desemprego (*Unemployment Rate*)**: a taxa de desemprego mede a proporção da força de trabalho que está desempregada em relação à população economicamente ativa. *O Bureau of Labor Statistics (BLS)* é a agência responsável pela divulgação dos dados de emprego e desemprego nos EUA. O site do *BLS* oferece acesso a uma ampla gama de dados relacionados ao mercado de trabalho.

- **Folha de Pagamentos Não-Agrícola (*Non-Farm Payroll*)**: mede a variação do número de pessoas empregadas no mês anterior, excluindo o setor agrícola. Esse indicador representa uma importante medida do mercado de trabalho norte-americano. Ele é calculado pelo *Bureau of Labor Statistics (BLS)*.
- **Índice de Preços ao Produtor (*Producer Price Index – PPI*)**: O *PPI* mede as mudanças nos preços dos bens e serviços na fase de produção antes de chegarem aos consumidores finais. O *Bureau of Labor Statistics (BLS)* também é responsável pela divulgação dos dados do *PPI* nos EUA e seu site também contém informações sobre o indicador.
- **Vendas no Varejo (*Retail Sales*)**: esse indicador mensura as vendas no varejo na economia norte-americana e sua variação ao longo do tempo representa um importante indicador da atividade econômica. Seu núcleo (*Core Retail Sales*) exclui as vendas de automóveis da medida. O *U.S. Census Bureau* dos EUA fornece dados sobre vendas no varejo. Você pode encontrar informações sobre vendas no varejo no site do *Census Bureau* (www.census.gov).
- **Índice de Confiança do Consumidor (*Consumer Confidence*)**: o Índice de Confiança do Consumidor é uma medida da confiança e otimismo dos consumidores em relação à economia. O Conference Board é uma organização que publica o Índice de Confiança do Consumidor nos EUA. Você pode encontrar informações sobre o índice no site do Conference Board (www.conference-board.org).
- **Pedidos Iniciais de Auxílio-Desemprego (*Initial Jobless Claims*)**: esse indicador mede o número de pessoas que entraram com pedido de auxílio-desemprego pela primeira vez na última semana. É uma medida semanal do mercado de trabalho. É divulgado pelo Departamento do Trabalho (*Department of Labor*) norte-americano (www.dol.gov/).
- **Índice de Gerentes de Compras de Manufatura do *Institute of Supply Management* (*ISM Purchasing Managers' Index Manufacturing – ISM PMI*)**: é baseado em dados compilados a partir de respostas realizadas mensalmente a executivos de compras de suprimentos de mais de quatrocentas empresas industriais. As respostas da pesquisa refletem a mudança no mês atual em relação ao anterior. Para cada um dos indicadores medidos (novos pedidos, carteira de pedidos, novos pedidos de exportação, importações, produção, entregas de fornecedores, estoques, estoques de clientes, emprego e preços), o

relatório apresenta a porcentagem relatando cada resposta, diferença líquida entre o número de respostas na direção positiva e na direção econômica negativa, e o índice de difusão. Um índice acima de cinquenta indica expansão da indústria manufatureira e sinaliza contração se estiver abaixo desse patamar. O relatório desse indicador é realizado pelo *Institute for Supply Management – ISM* (www.ismworld.org/supply-management-news-and-reports/reports/ism-report-on-business/).

- **Índice de Manufatura do Federal Reserve da Filadélfia (*The Philadelphia Reserve Manufacturing Index*)**: mensura o nível relativo das condições de negócios da indústria na Filadélfia. Um valor acima de zero indica melhora nas condições, e um valor abaixo de zero indica piora. O resultado é obtido a partir de pesquisa realizada com 250 empresas localizadas no estado. O índice é calculado pelo *Federal Reserve* da Filadélfia (www.philadelphiafed.org/).
- **Licenças de Construção (*Building Permits*)**: mede o número de novas licenças de construção emitidas pelo governo. Esse indicador representa uma medida do mercado imobiliário norte-americano e calculado pelo *U.S. Census Bureau.*

Esses são apenas alguns dos principais indicadores da economia norte-americana. Outros indicadores podem ser obtidos nos sites oficiais já mencionados, como o *Bureau of Economic Analysis (BEA)* e o *Bureau of Labor Statistics (BLS).*

Outra fonte interessante de dados da economia dos EUA é a base de dados do *Federal Reserve Economic Data – Fred* (https://fred.stlouisfed.org/), disponibilizada pelo *Federal Reserve* de Saint Louis.

Por fim, outra fonte interessante de informações para acompanhar a economia norte-americana é o próprio Federal Reserve (banco central dos EUA), nos comunicados e nas atas das reuniões do Federal Open Market Comittee – FOMC (www.federalreserve.gov/monetarypolicy/fomc.htm).

8.5.2 Indicadores da economia europeia

- **Produto Interno Bruto PIB (*Gross Domestic Product*)**: o PIB é uma medida ampla do valor de mercado de todos os bens e serviços finais produzidos em um determinado período. O Eurostat, a agência estatística da União Europeia, fornece dados sobre o PIB dos países da UE.

Você pode encontrar informações sobre o PIB europeu no site do Eurostat: ec.europa.eu/eurostat.

- **Índice de Preços ao Consumidor (*Consumer Price Index – CPI*)**: o *CPI* mede as mudanças nos preços dos bens e serviços comprados pelos consumidores. O Eurostat é responsável por calcular e divulgar o *CPI* na União Europeia.
- **Taxa de Desemprego (*Unemployment Rate*)**: a taxa de desemprego mede a proporção da força de trabalho que está desempregada em relação à população economicamente ativa. O Eurostat também fornece dados sobre a taxa de desemprego na UE. O site do Eurostat possui informações detalhadas sobre o desemprego na Europa.
- **Índice de Gerentes de Compras (*Purchasing Managers' Index – PMI*)**: o *PMI* é um indicador que mede a atividade econômica nos setores manufatureiro e de serviços. Um índice acima de cinquenta indica expansão da atividade e um nível abaixo desse patamar indica contração. O IHS Markit publica os índices *PMI* para a zona do euro e vários países europeus. O site do IHS Markit (www.markiteconomics.com) contém informações sobre os índices *PMI*.
- **Vendas no Varejo (*Retail Sales*)**: esse indicador mede a variação no valor das vendas no varejo (ajustadas pela inflação). É o principal indicador dos gastos do consumidor, que responde por uma parcela considerável da demanda na região. É medido pelo Eurostat.
- **Produção Industrial (*Industrial Production*)**: mede a variação na produção industrial na Zona do Euro. Esse indicador também é divulgado pelo Eurostat.
- **Índice de Sentimento Econômico – Zentrum für Europäische Wirtschaftsforschung (*ZEW Indicator of Economic Sentiment*)**: esse índice aponta as perspectivas econômicas relativas a seis meses para a Zona do Euro. Um nível acima de zero indica otimismo e, abaixo desse nível, aponta pessimismo. A leitura é obtida a partir de uma pesquisa realizada com aproximadamente 350 investidores institucionais e analistas alemães. Esse indicador é calculado e divulgado pelo *ZEW* (www.zew.de/en/publications/zew-expertises-research-reports/research-reports/business-cycle/zew-financial-market-survey).

Esses são alguns dos principais indicadores econômicos da Zona do Euro. O Eurostat é uma fonte abrangente de dados econômicos para a União Europeia e seus países-membros. Além disso, os bancos centrais nacionais e os institutos de estatística dos países europeus também fornecem informações econômicas relevantes em seus respectivos sites. Recomenda-se visitar o site específico do país desejado para obter indicadores econômicos detalhados.

8.5.3 Indicadores da economia chinesa

- **Produto Interno Bruto – PIB (*Gross Domestic Product*)**: o PIB é uma medida ampla do valor de mercado de todos os bens e serviços finais produzidos em um país em um determinado período. O *National Bureau of Statistics of China (NBSC)* é responsável por fornecer os dados oficiais do PIB da China, que podem ser encontrados em seu site: www.stats.gov.cn/english.
- **Índice de Gerentes de Compras (*Purchasing Managers' Index – PMI*)**: o *PMI* é um indicador amplamente utilizado para medir a atividade econômica no setor manufatureiro e de serviços. Na China, o índice *PMI* oficial é publicado pelo *National Bureau of Statistics* da China e pela *China Federation of Logistics and Purchasing* (CFLP). Os dados do *PMI* podem ser encontrados no site do *NBSC*.
- **Índice de Preços ao Consumidor (*Consumer Price Index – CPI*)**: o *CPI* mede as mudanças nos preços dos bens e serviços comprados pelos consumidores na China. O NBSC também divulga o *CPI* chinês e as informações destalhadas podem ser encontradas no site da instituição.
- **Índice de Preços ao Produtor (*Producer Price Index – PPI*)**: o *PPI* é uma medida dos preços praticados pelos produtores e seu comportamento afeta, em boa medida, a inflação registrada nos preços ao consumidor. Esse índice é mensurado pelo NBSC.
- **Investimento em Ativos Fixos (*Fixed Asset Investment*)**: o investimento em ativos fixos mede os gastos em infraestrutura e investimentos em bens de capital, como construção, maquinário e equipamentos. Essa é uma importante medida da atividade econômica chinesa e avalia o ritmo de expansão da capacidade produtiva do país. O NBSC fornece dados sobre o investimento em ativos fixos na China.

- **Produção Industrial (*Industrial Production*)**: a produção industrial reflete o quanto a indústria produziu, em termos reais, a cada período. Essa medida é calculada pelo NBSC.
- **Taxa de Desemprego (*Unemployment Rate*)**: a taxa de desemprego mede a proporção da população ativa que está desempregada. O NBSC fornece dados sobre a taxa de desemprego na China.

Esses são apenas alguns dos principais indicadores da economia chinesa. O *National Bureau of Statistics of China (NBSC)* é a principal fonte de informações econômicas oficiais na China e seu site (www.stats.gov.cn) oferece acesso a uma ampla gama de dados e estatísticas econômicas. É importante consultar fontes oficiais para obter dados confiáveis sobre a economia chinesa.

ÍNDICE

A

agregados monetários 2, 24, 122
  base monetária 12
  comportamento 95
  estatísticas dos 121
agregados setoriais 57
atividade econômica 12, 111, 192
  indicador da 62
  índice de comércio 77
  monitoramento da 56–58
  produção industrial 167
  produto interno bruto (PIB) 62, 167
  vendas no comércio varejista 23–24

B

balança comercial 129, 133
balança de serviços 138
balanço de pagamentos 20

C

contas externas 16, 133, 164, 186
  brasileiras 2, 18
  posição internacional de investimentos (PII) 141
contas públicas 16, 98, 131, 169, 186
  brasileiras 3
  dívida pública 153

crédito
e inadimplência 111
indicadores de 95
moeda e 12, 24
operações de 111, 116

D

dessazonalização 11, 59
dívida pública brasileira 156
evolução da 157

E

economia
indicador de incerteza (IIE-Br) 173
indicadores 12
expectativas 181, 183
de mercado 173
e sentimento 176
incerteza das 175
sondagens 162

I

índice
de confiança de serviços (ICS) 183
de confiança do consumidor (ICC) 175–179
de confiança empresarial (ICE) 180
de preços ao consumidor amplo-15 (IPCA-15) 27
de preços ao consumidor amplo-especial (IPCA-E) 27
de preços ao consumidor amplo (IPCA) 13, 37, 110, 173
de preços ao consumidor (IPC) 53
características do 33
ponderações regionais 42
de preços ao consumidor-semanal (IPC-S) 23–24, 49–51
de preços ao produtor amplo (IPA) 39
de serviços por atividade 82
de situação atual (ISA) 179–182
geral de preços-10 (IGP-10) 34, 36
geral de preços-disponibilidade interna (IGP-DI) 34–36
geral de preços (IGP) 23, 36
componentes do 35
geral de preços-mercado (IGP-M) 165, 171
inflação 129, 158, 170, 194
aceleração 86
comportamento 25
contexto 70
definição 25
e preços 12
expectativas de elevação da 162
indicadores sensibilizados da 19
queda da 76
tendência da 55
trajetória da 37
IPC-FIPE 46, 50

O

oferta monetária 103
orçamento da União 150

P

pesquisa de orçamentos familiares (POF) 26, 31, 46, 50, 53
política cambial 17, 143
posição internacional de investimentos (PII) 24, 140

produção industrial 8, 70, 167, 196
zona do euro 194
produto interno bruto (PIB) 25, 67, 115, 150, 189
descrição 56
indicadores econômicos internacionais 195
valor nominal do 9

Q

quesitos relacionados na sondagem do consumidor 178–181

R

regime cambial brasileiro 20, 144
relação dívida/PIB 170
relatório de mercado 164
reservas
bancárias 101
internacionais 13, 131, 156, 189
resultado do tesouro nacional (RTN) 24
descrição 151
estrutura detalhada 154

T

taxa
de câmbio 3, 13, 38, 99, 138, 174
comportamento 18
oscilações 38
de juros 2, 10, 26, 131, 178
de juros de longo prazo (TLP) , 110
DI 12, 24, 105
referencial (TR) 24, 107–109
Selic 10, 63, 98, 146, 174
transações correntes 24, 137, 172
deficit em 137
efeitos sobre a economia 20

V

vendas no comércio varejista 8, 77
volume de serviços 8–9, 23
indicador de 23–24

Este livro foi impresso nas oficinas gráficas da Editora Vozes Ltda.,
Rua Frei Luís, 100 – Petrópolis, RJ.